老妻だって介護はつらいよ

葛藤と純情の物語

老妻だって介護はつらいよ

葛藤と純情の物語

沖藤典子

岩波書店

プロローグ　老妻おひとり介護のゴングが鳴って

「入院しましょう」

大学病院血管外科、外来診察室。二〇一三年五月二一日。

担当の真壁医師は、夫の診察を終えるなりすぐ言った。

「入院してもらって、検査や緊急の処置をします」

この言葉を聞いた時の驚きと安堵感は、今も忘れ難い。夫はそんなにひどい状態だったのか。でもこれで痛みから解放される！　夫もまた、安堵のようなため息のような、太い息をもらした。

「このまますぐですか」

「そうです。すぐに。いろいろしなくてはならないことがたくさんあります」

それほどに悪くなっていたのだ。その朝も膨れ上がり、黒っぽく褐色化した足首を握り締めて、うーと唸りつつ、痛みに耐えていた。両脚ともに痛いのだが、とくに左足の膝下から足指までの痛みがひどかった。だから、待ちに待った診察日だった。この激しい痛みに、どうしてあげることもできない無力感。可哀相という思いで、いつも私は涙がにじんだ。

前年一〇月にこの大学病院で、「閉塞性動脈硬化症」と診断された。変だ、変だといいながら地域の医師にかかって一年余、この病院に来て、ようやく納得のいく診断を受けたのだった。

血管外科という名前、聞いたことはあったが、どんな病気を診るものか知らなかった。「閉塞性動脈硬化症」というのも初めて聞く病名だった。足の動脈硬化による血流障害だと言われ、パンフレットを渡された。私も読んでみたが、これほど急激に激痛のくる病気だということは、夫婦とも認識していなかった。それ以来七カ月通院してこの日を迎えたのである。入院という安堵と、それほど悪いのかという不安が交錯した。真壁先生はあちこちに電話をして、病室や検査などの指示を出しているようだった。

「血管外科のベッドは空いていませんので、とりあえず眼科の病室に入っていただきます」

血管外科と眼科は同じ5階の5C病棟にあり、あと二、三日で空くからそれまでの間だという。無理をして入院させてくれる。ありがたいと思ったが、驚いてもいた。この日は、予約による外来診察日だったが、それを待たずにもっと早くに来るべきだったか……後悔の念も湧き上がる。

前回の診察は三週間前だった。その後痛みが酷くなり、この一〇日ほどは、家の中を歩くのにも何かに摑まらねばならず、階段もお尻で一段ずつ下りてくる状態だった。夜は足を下にすれば少し楽だと、ソファに座って眠っていた。痛み止めとしてよく効くロキソニンは、腎臓に良くないということで処方されていなかった。

しかし、夫が市販のロキソニンを買ってきてくれというたびに、私は薬局に走った。後に腎臓が悪くなっているという話を聞かされた時は、もしかしたらあれが原因の一つかと胸が痛んだが、その時は痛みをなんとかしたい一心だった。

真壁先生の声がする。

「入院は長引くかもしれません」

「……そうですか。一番の願いはこの痛みをなんとかして欲しいということです。長期になってもいいんです」

こういう特定機能病院には、長期入院ができないと聞いていたので、長いと言っても九〇日程度のものかと思った。

「処置室がこの奥にありますので、そこへ移動してください」

車椅子を押していくと、数人の若い医師達がすでに待機していて、それぞれに名札を示して自己紹介してくれた。その礼儀正しさと丁寧さに、さらに安心感が広がった。

「これで良くなる。痛みから解放される」

その病院では、私が三七歳の時に、父が癌で亡くなっていた。父もまた激しい痛みに苦しんだ。それからちょうど三七年後、まるで歳月の帯をきっちりと折り返したかのように、今度は夫が痛みで入院した。父の時、若い共働きママであった私は、仕事と介護の両立に悩んだ。癌の痛み、医師の対応、私の経済力、夫の単身赴任など、どれをとっても今と違った。世間知らずで、貧しく、忙しかった。

今回は生活の落ち着きが全然違う。親の介護の次は夫の介護と、女の一生を象徴するようなものだが、しかし仕事や子育てとの葛藤がない。経済力も違う。娘二人も大きくなって、長女は米国で働き、二女は近くに住む共働きママだ。二人とも介護の助け手として、アテにできないことだけは同じだが。問題は私の体力と気力だ。

二〇一四年の国民生活基礎調査によると、夫婦ともに六五歳以上の高齢世帯は増え続け、約六〇〇万世帯になった。介護者も六五歳以上の〝老老介護〟も増加し続けており、妻による介護が七割である。今後もこの傾向は続くと予測されている。昔から老妻による介護はあったが、多くは息子の妻(嫁)や娘が手伝うか、主たる介護者として働いてきた。しかし、今の時代、そんなことは期待できない。老妻、たった一人での介護。最大多数は、「老妻一人だけの介護」なのだ。まさに、「老妻おひとり介護」の時代。愛し合っている老夫婦もいるだろうが、この老妻は、夫との関係に長年葛藤を抱えてきた。胸の内が穏やかではない歳月があった。それでも「老妻おひとり介護」のゴングは、鳴ってしまったのである!

「昔のことはともかくとして、これで安心。痛みもとれる。すぐ元気になれるわ」

この先に何があるのか深く考えもせずして、私は能天気で楽天的だった。胸が明るいもので満たされ、かなりハイになっていた。こうして入院生活が始まった。

目　次

装丁＝後藤葉子
イラスト＝みやしたゆみ

第1章　ゴリラの異変

喜寿お祝い旅行

旅行の前から変だなあと

夫はなんという健康体かと驚く人だった。結婚して五〇年余、風邪を引いたのは、私の記憶では二回。毎夜、毎夜の大酒でも、胃が痛いとか、肝臓に異変が起きるとか、なんらかの症状が出ることはなかった。夜中の一時二時に帰ってきても、翌朝七時には会社に向かう。睡眠も、四〜五時間あればいいという。驚くばかりだった。

「人間じゃないね。ゴリラだよ。ゴリラが気を悪くするかもしれないけどさ」

だって、ゴリラの父さんは子育てするって。子育てもしない人間の男と一緒にするなって、怒るよ、きっと――これは呑み込んだ胸の内のセリフだ。

そのゴリラが、言ったのである。

「脚が痛い」

この言葉を聞いたのは、入院のほぼ二年前、二〇一一年の夏、ハンガリーに家族旅行した時だった。ブダペストで街を歩くのが、休み休みになった。腰をしきりにさすっている。

「このあたりが、しびれて痛いんだよ。でも、少し休んでいれば楽になるから」

私はその時、医師から処方された痛み止め、ロキソニンを持っていた。一〇年ほど前、右足首を捻挫して今も時々痛みが出る。出発前に用心して、整形外科に行っておいた。

「私、お医者さんにもらった、ロキソニンという痛み止めがあるよ。飲んでみれば？」

「いや。我慢する」

夫は勧めるたびに、激しく首をふった。

「飲めば、楽になるのに……」

薬を飲んで、もっと楽しげな顔をすればいいのに。みんなが心配しているんだから。後にそのロキソニンに頼ることになろうとは……。

「いつからしびれや痛みがあったの？」

「旅行の前から変だなあと思っていた」

「どうして言わないのよ。病院に行っておけばよかったのに」

この旅行は夫の喜寿のお祝いにと、企画したものだった。娘夫婦に孫二人、老親二人と家族六人が、まずミュンヘンに行き、ザルツブルクを経由してブダペストまで列車で行くという大旅行だった。人も羨む海外家族旅行、生涯の贅沢として記念すべきもので、老後の幸せを絵に描いたようなものだった。

しかし好事魔多し。この旅行ではまず私が、二女夫婦や夫にとんでもない迷惑をかけ、後々も苦い思い出のものとなってしまったのである。

「行きたくない」

出発一〇日くらい前になって、夫は「行くのがいやだ」といい出した。理由は、ブダペストでのナチスによるユダヤ人迫害のドキュメント番組を観たことによる。私も随分前にそのようなフィルムを観たことがあり、残酷なものだった。

「でも、そんなこと言っていたら、ヨーロッパなんてどこにも行けないよ。ナチスに限らず、どこだって殺戮の歴史よ。それにもう手続きは全部済んでいるんだから、手配してくれた娘の身にもなってごらんよ。今からキャンセルなんてとんでもないわ」

もともとハンガリーに行きたいと言ったのは、夫なのである。それではと、孫娘の夏休みがいいと計画されたものなのだ。

「いつも、こうなんだから」

私は腹を立てた。夫はどういうわけか、家族旅行とか家族のお祝い事になると不機嫌になる。子ども達と喜びたい私と、家族に関することが面倒でおもしろくない夫。常日頃、気性の合わない夫婦なのだが、それが極端に出るのがこういう行事の時なのだ。孫のお祝いの食事会などでも、直前まで、「俺は行かない。すぐ帰る」と仏頂面なのである。いかにもいやいやながらという風情の夫に、つい文句をいい、それがきっかけで諍いとなり、「ママが怒った」と、子ども達の顰《ひん》蹙《しゅく》を買うのはいつも私である。なんと割の合わない話かと、何度も思ってきた。

私ときたらまったくストレスに弱い。母の違う姉がいたにせよ、病弱のために、私が総領娘として育てられた。そのせいか、わがままで協調性に欠ける。それでも、なんという懲りなさだろう、「また、あるかもしれないなあ」と、ハラハラしながらも、家族の思い出が欲しいと計画してしまう。

「またか……。どうしてこの人はこうなんだろう……」

ため息が出た。自分から言い出したハンガリーだからと、安心していたというのに……。不安に思いつつ夫に念を押した。

「ナチスのことなんて、絶対に言ったらダメよ。あの子だって、胸を痛めているんだから」

ドイツに留学していた二女と、北米にいる長女と、私、母娘三人がドイツに合流して、アムステルダムのアンネの家に行ったのは、何年前だろうか。この家に隠れ住んだ少女の苦痛と死を思って、二女が激しく泣いたことは、忘れられないものだ。

「忙しい仕事の合間を縫って計画を立て、飛行機やホテルを手配してくれたんだから、ちゃんと行くのよ。直前になってからこんなことをいうなんて。旅行中も変なこと言わないでよ」

二女はドイツ留学中に、ハンガリーのブダペストに行った経験があり、是非ママ達に泊まらせたいホテルがあると予約をとってくれていた。ネットの写真をみただけでもワクワクするローマ風な建築だった。温泉もあるという。

「とにかくね、ナチスのテレビなんか見なかったことにして、何も言わないの。分かったわね」

まったく非常識なんだから……。また不機嫌になって些細なことで怒り出したりしたら……。

ハラハラ満載の旅行になるなあ。

これがまず私のストレスになった。そしてこれが後に「娘のために行く」というような言葉となって二女の耳に入り、大喝を食らうことになってしまったのだった。

古女房の大失態

薬の誤飲

ミュンヘンに着いた日の夜、私は、とんでもない失敗をしでかしてしまった。誤って睡眠導入剤を、大量に飲んだのである。どうしてそんなことになったのか、思いつく理由としては、ひどい風邪だったこと、機内が異常に寒かったこと、飛行機の爆音に引き出されたかのように、耳の奥で鳴り響く言葉があったこと。これらが重なり、混じりあって異常な精神状態になってしまったと思う。

半年ほど前、知人から電話でいきなり、信じられないほどの非常識な罵声を浴びせられたのである。もうすっかり忘れていた随分前の出来事を、蒸し返してきたパワハラだった。電話の声というのは、耳から直接脳天に響くものらしく、心的外傷となって長く私を苦しめ続けてきた。やっと最近落ち着いたと思ったのに、それがなんと、飛行機の中でいきなり舞い戻ってきた。頭を振っても、押さえても、恐ろしい声は消えていかない。

機内の異常な寒さも辛かった。機内アテンダントに温度を上げてもらうように頼んでも、薄い毛布を二枚貸してくれただけだった。

ミュンヘンのホテルで、家族が食事に行くというのを私だけが残った。お風呂につかって、冷え切った身体を温め、早く寝て用心しよう。風邪薬と一緒に睡眠導入剤を飲んだ。

眠ったはずなのに、途切れ途切れの記憶がある。娘が夜食にと、いなり寿司と海苔巻きを買ってきてくれて少し食べたこと、何か駅のようなところを歩いたこと。翌朝になって、八錠持ってきたはずのものが二錠しか残っていないことを知った。大量に飲んだのに、なぜ熟睡しなかったのだろう。

その日は列車に乗り、次の宿泊地、ザルツブルクで娘がお医者さんに連れて行ってくれた。目の前の光景がゆらゆらしていて、すべてが朦朧。風邪で長時間飛行の時に、こういうことが起こりやすいということだった。血圧も高くなっていた。これからの旅行のために、同じ成分の睡眠導入剤を処方してくれた。モーツァルトの家も行ったという記憶はあるが、何を見たのか覚えていない。

ようやく意識がはっきりしてきたのは、ブダペストの駅に着いたあたりからだった。驚いたこ

とに、青あざが身体のあちこちに、大小、八カ所くらいあった。娘によれば、

「ミュンヘンのホテルで、ふらふら歩いて、あちこちにぶつかったのよ。外に出ると騒いで、パパがエスコートしたのよ」

こんな具合だったから、ブダペストに着くまでの夫の脚の痛みは、まったく記憶になかった。正気に戻ってきた私の胸を支配したのは、夫がドナウ川を見てナチスのことを言い出すのではないか、娘を悲しませることを言うのではないかという、強烈な不安だった。

「またいやなこと言って、仏頂面になったらどうしよう」

しかし夫は、脚の痛みとしびれに気を取られているらしく、それらしい気配はなかった。

娘にしてみれば、母親がようやく正気を取り戻したら、今度は父親が途中休み休みしか歩けない状態になった。乳飲み子と仕事のパソコンを抱えての旅行に、しっかりしていない親二人抱えて、さぞ難儀なことだったろう。しかしこれは行っておいてよかった。最後の海外家族旅行になった。大学病院に入院した後になって、夫に言ったものである。

「あの旅行、やっぱり行っておいて良かったね。私がヘマをしでかしてみんなに迷惑かけたし、あんたはナチスなんかいいだして行きたくないって言うし。私、すごく緊張したけど、いい旅行だったよね。脚の痛みは辛かっただろうけど」

夫は、はっきりとうなずいた。

腰椎すべり症？

この医師は信頼できないのでは……

帰国してすぐ病院に連れていった。地域の中核病院ともいうべき総合病院で、各科が揃っており、入院病棟もあった。介護老人保健施設も併設している。夫はここの整形外科の医師に、以前ゴルフの肘の痛みでお世話になっており、まずはそこに行きたいと言った。

「最初に行った時、先生もちょうどゴルフ肘でね、話が合ったんだよ」

車で五、六分、徒歩でも行ける距離なのが便利だった。

二度目の診察日は、レントゲンの説明だった。脊椎あたりが写っている写真を見せながら、

「このあたりに異変がありますね。腰椎《ようつい》すべり症です」

私は、友人の息子さんがその病気で手術したと聞いていたので、もっとよく写真を見てみたいと思った。たまたま、眼鏡を持っていなかったので、顔を写真に近づけた。その途端、

「奥さん、邪魔です。外に出ていてください」

ぴしゃりとした言い方だった。むっとして、診察室を出た。

普通ならば「奥さん、見えにくいですか。どうぞもっと寄ってよく見てください」と言うのではないだろうか。妻に説明もしない医師なんて、信頼できるのか。家族が病を知らなければ、治

療もはかばかしくないと思うのだが……。

その後夫はこの病院に一年ちょっと、月二回通った。リハビリもしたが、症状の改善は進まず、私はなんども医師を替えようと言った。しかし、夫は弁解した。

「いや、いい先生なんだよ。ゴルフ肘を治してくれたし、内科も紹介してくれたんだから」

同じ病院内の糖尿病の専門医を、紹介してくれたのだった。

「でも、私を診察室から追い出したのよ。女房なんてどうせ無知だって思ってるんでしょ。家族に説明しないなんて、ひどい話よ。それで良くなっているの？」

「ま、少しずつだな。一日一万歩だって歩いているし」

良くなっていく実感がないようなのに。しきりに医師を擁護する。

「まだ痛みがなくならないんでしょ。どんな痛み？」

「最近、点字ブロックの上を歩いているような痛みがあるんだよ」

私も意識して点字ブロックの上を歩いてみたが、若干の違和感はあるにしろ痛いというものではない。たいしたことでないと思った。

糖尿病があるのか

友人の医師から「後医は名医」という言葉を教えられた。最初に診た医師は不利な面もある、後に診た医師が有利になるということだ。それにしても、一年以上も月二回通わせて、同じ薬を出し続けた医師に、この言葉はあてはまるだろうか。この医師のいいところは、糖尿病の注意をしてくれたことだけだ。

これまで、もっとも心配していたのは糖尿病だった。長年の大量飲酒を思えば、異常があっても不思議でない。それなのにこれまでの健康診断では、異常を指摘されたことはなかった。紹介されてさっそく検査してもらった。血糖値が「高め」という数字が出て、管理栄養士さんの食事指導を受けた。それからは、塩分制限と野菜中心の食事となった。

半年ほどして夫の代わりに、その後の検査結果を聞きに行った。この先生に会ったのは初めてで、それまでは家庭での状況を手紙にして夫に持たせていた。会ってみて驚いた。マスク越しの言葉が、何を言っているのか聞き取れないのである。言語不明瞭、意味不明瞭、これで他の患者は納得しているのだろうか。私は右の耳が少し難聴だが、普段の会話に不自由はしていない。

新聞に日野原重明先生が、「プラトンによれば、医師もまた言葉を使うプロフェッショナル」と書いていたが、まったく同感だ(『朝日新聞』二〇一三年七月一三日)。

「あの病院の医師達は、患者中心でないようね。整形の先生といい、糖尿の先生といい、患者や家族にきちんと分かりやすく説明する意欲がないわよ。病院替えようよ。良くなっていないじゃない」

しかし、夫はうんと言わなかった。

病なく身強き人

冒頭で書いたように夫は、病知らずの健康体だった。

ところが、自分が病気しない分だけ、家族の病気に無関心であり、冷淡だった。風邪を引いて寝込み、大熱で食事もできないでいる私を尻目に、「炬燵で昼寝していたのが原因だ」と言い、さらに、「自己管理が悪いからだ」と自己責任論をぶち上げて、会社に行ってしまう。

「医者に行っておけ」

そんなこと言われなくたって分かっています！　せめておかゆの作り方をと、教えたこともある。

「私のものは、冷ご飯にお湯を入れて作るのでいいからね」

しかし残念なことに、一度も成果にあずかったことはなかった。今はおかゆのパックもあることだしと、それで我慢しよう。

そんな時でも夜は相変わらず遅いし、何か口に合うもの、たとえばアイスクリームを買ってきてくれるなどということもない。

妻の病への夫の冷淡さは、私の年代の老妻達、昭和一ケタ生まれの亭主族を持つ妻の嘆きになっている。すべての夫が冷淡というわけでもないだろうが、なぜか私の周囲には、「もし私が先に病気したら……」と不安を洩らす人が多い。

私は、しみじみ、吉田兼好の『徒然草』一一七段、「友とするにわろき者七つあり」を思い出すのだった（橘純一編、武蔵野書院）。

七つのうち、「三つには病なく身強き人」、「四つには酒を好む人」、「五つには武《たけ》く勇める兵《つわもの》」。病なく頑健、大酒飲み、高度経済成長期の武き戦士、友にするにわろきもの七つのうち、三つある男を夫にしてしまったのである。我が選択眼のなさを、嘆かずにはおられない。

結婚の時に、身体の丈夫な人をとは思ったが、ここまで丈夫でなくても良かった。「病なく身強き人」は、病む者の辛さを思いやることもなく、情愛がない。大酒を飲み出したのは三〇歳を過ぎたあたりから……。夫の通院が始まった時、内心思ったものだった。

「これでこの人も、多少は病む人の気持ちが分かるようになるかもしれない。自己責任論の残酷さに気づくかもしれない。妻にも優しくなるだろう。ゴリラ卒業だね、良かったよ」

それにしても一向に良くならない。しかも、大好きなゴルフにも行かないせいか、身体全体に覇気がなくなり、しぼんでしまったように見える。だが、あの絶対的な健康自信は揺らいでいないらしく、たいした病気じゃないと思っているようだ。私は、何度も言った。

「もう一年近く通っているのに、はかばかしくないね。他のお医者さんに診てもらわない？」

「いや、大丈夫だ。少しずつだけど良くなっているんだから」

「良くなっているようには見えない。悪くなっているんじゃない？　ゴルフ肘の恩義なんかいいじゃない。あの先生は信じられないわ」

一向に良くならない患者を漫然と通院させて、同じ薬を出し続ける医師なんて信用できるわけがない。こんな押し問答をしていた矢先、とんでもない事件が起こった。

第２章　仰天のネット詐欺

四八〇〇万円がもらえる⁉

ネットで何かある？

ハンガリー旅行からほぼ一年、六月の夕暮れだった。四時頃帰宅すると、夫が脚を引きずるように階段を降りて、玄関に出てきた。

「あのね、ママ。パパに、四八〇〇万円が入るからね」

囁くような声だった。えっと驚いて、思わず大きな声で、

「四八〇〇万円って？　あなた、何言ってるのよ。なんでそんな大金が入るのよ」

「しっ。大声出すな。誰かに聞かれるじゃないか」

「誰かって。ここには二人しかいないじゃないの」

どんな大声出したところで、隣家に聞こえるはずもない。おかしいよ、これは。

「ネットだよ、ネット。見るかい？」

あっと、思った。ネットで何かある。

じつはその日、私が属しているNPO法人高齢社会をよくする女性の会（理事長・樋口恵子）の理事会があった。帰りの電車で、理事の矢沢さんから、新種のネット詐欺の話を聞いたのである。

「振り込め詐欺もいろいろあるけど、次々に新手が出てくるのね」

彼女の友人がスペインのバルセロナに観光旅行で行った。ある日、メールが来た。財布を失くして、現金もカードもない。ホテルをチェックアウトしなければならないのだが、その金がない。大至急日本円で、一五万円振り込んで欲しい。六人の人に送信があったそうだ。

「驚いたわよ。彼女から電話があって、財布もカードも失くしていないって。メルアドをよくよく見たら、一字だけ違っていたの。新種のネット詐欺だったのよ」

たった一時間くらい前にこの話を聞いて帰宅してみたら、夫がどうやらそんな新種のネット詐欺に引っかかっているようなのだ。

「ちょっとパソコン見せてよ」

私は、二階に駆け上がった。

出会い系サイト？

この数日夫の様子がおかしかった。夫の書斎兼寝室は二階に、私の書斎は一階にある。普通ならば、昼は一二時になればドンドンと音を立てて階段を下りてくる。私の書斎の襖をさっと開けて「昼ご飯何？」。夕方は夕方で、六時になれば「晩ご飯何？」。私が仕事をしていようといまいとおかまいなしだ。時には五分も一〇分も前に、音なしの構えで下りてきて、いきなり書斎の襖を開けて「ご飯は？」とくる。驚いて飛び上がってしまう。

それが、この二日ほど、お昼になっても六時になっても下りてこず、「ご飯だよ」と知らせても下りてこなかった。ふしぎなこともあるものだと部屋を覗いてみたら、何やらパソコンでやっているらしく、「正」の字をぎっしり書いた、たくさんの紙が机の上に散らばっている。何やっているんだろうと思いつつ、何かに打ち込むということは、いいことだと思っていた。

その日も部屋の中は、「正」を書いた無数の紙が、机の上にもソファにも散乱していた。クレジットカードが机の上に三枚あった。私はそれを素早く手の中に隠した。矢沢さんの話があったればこその知恵だった。夫は気がつかなかったようだった。

見ると出会い系サイトだ。若い美人社長の顔が映っている。仕組みは分からないが、クレジットカードで、一万円とか五〇〇〇円ずつ振り込むのだ。それもこの数日、分単位で振り込んでいる。私には「正」の字が、それとどういう関係を持つのか分からなかった。

「あなたね、これは詐欺よ。騙されているのよ。なんで他人に四八〇〇万円なんて大金出すのよ。あり得ないじゃない」

「そんなはずない。この社長はまじめな人だ。会社がうまくいって資産が溜まったから、何か社会還元をしたいっていうことなんだ。絶対に騙されてなんかいない」

その相手が、どうして自分なのかと不審に思わないの？　そんな大物だと思っているの？

「四八〇〇万円あげるから、五〇〇〇〇円なり一万円を振り込むこと」なんて、変だと思わない？

定年後の閉じこもり

地域に馴染もうとしない

夫は、工学系の企業を六〇歳で定年し、六五歳まで子会社の社長をやり、その後一〇年ほど地方の会社のコンサルタントをやって、それも終わって三年ほどしたところだった。地方の会社といっても自宅にいてよく、仕事もあまりないようで基本的にヒマ人だった。

私はそのことを非常に気にして、公民館の講座などすすめてみるのだったが、絶対に行かなかった。「閉じこもり老人」とか「ブラブラおじい」とかが、話題になっている時に、私の夫がまさにそのブラブラなのだ。夫は現役時代よく言っていたものだ。

「定年した先輩が夕方になると会社に来るんだよ。つきあえって。みっともない、何もすることがないんだ。僕ならきっと何かするよ」

若い頃は定年になったら法学を学ぶといい、中年の頃は、調理師学校に行くなんて言っていたが、いざ退職になるとすっかり忘れたようだ。ま、これは私も似たようなもので、あれもやりたい、これもやりたいといいながら、結局は思っただけで終わってしまう。性格も好みもまるで違う、水と油の夫婦と思いつつも、こういうところは似た者夫婦だと苦笑が出る。夫のウクレレと私のマンドリン。まるで飾っておくためのように買って。

お笑いは、英語の百科事典。一セット買って、ほったらかし。二セット目を買うといいだした時は猛反対したが、今度は必ず読むと言って反対を押し切った。結局は押入れの中の眠り姫。定年後の夢は大きな風船のように膨らんだけれど、どれもふわふわとどこかに飛んでいった。金魚を数年、大きな水槽を買ってきて何匹も泳がせていたのが、唯一の実績であった。

毎日家にいるようになった時、車に乗せて、公民館はもとよりシルバー人材センターとか、地区社会福祉協議会とか、市内の主要な施設を案内した。

「情報が欲しかったらここに来るのよ」

しかし、まったく効果はなかった。市が主催する社会人大学に誘ってくれた、ご近所の方の親切も断った。新しい友人や知人を地域に開拓しようとせずに、交際相手は、大学時代と会社員時代の友人のみ。酒を飲みにいけば、七〇歳を過ぎているというのに、必ず午前様で、へべれけになって帰ってくる。私はいつも情けなく、「いい年をしてみっともない」と思った。

夫の深酒は仲間でも有名らしく、「あそこに行けば必ず沖藤がいるよ」というスナックがあった。後に入院した時、そのスナックの人から、「このごろお見えになりませんが、どうしていますか」と電話があった。外泊も頻繁で、「会社の寮に泊まった」と言ったが、正確なことは分からない。新宿のど真ん中に、夜中の酔っ払い、しかも定年した者のために「会社の寮」なんてあるものだろうか。あるいは深夜タクシーでのご帰宅。そんなことが在職中も定年後も続いた。

ボーナスは、会社の預金に積んであるということだったが、酒とタクシー代にほとんど全部消えていて、定年の時に、三五年分として二〇〇〇万円余だった。月給は、きちんと振り込まれており、その中からお小遣いをかなりの額渡していたのだが、とうてい足りるものではなかったのである。

会社では人望が

会社では闊達で社交的な人だったらしい。世の多くの亭主族と同じように、家族には仏頂面、家事、育児まったく我関せずであっても、会社では明るくて面倒見がいい。そのせいかどうか、仲人を二四回も頼まれた。私はそのような大役を引き受けるのは気が進まなかった。子どもを動物園にも連れていかない人、家族に優しくない人が、仲人なんてやっていいのだろうか。

「仲人はその日のことだけではないのよ。その後もあれこれあるのよ。そういうことはあなたがやってよね。私、あなたの会社のことは分からないから」

しかし夫がその後の面倒を見たのかどうか、私は疑問に思っている。多分、何もしなかっただろう。仲人としての重責を果たしてはいないと、今でも心苦しい。

ゴルフは上手で、よく誘いがかかった。獲得した優勝杯やトロフィーは、二〇を超える。高価そうなゴルフバックも六セット。若い頃は毎日、早朝に学校のグラウンドに行って練習していた。雨の日は合羽を着て長靴で出かけた。スポーツ好きで、野球やテニスにも凝っていた。

私も、夫婦の趣味の一致が大事、亭主の好きななんとやらだと、ゴルフを習い始めて、結構上達した。ゴルフ場では、夫は親切で優しい。一緒に回った人から「いいですね。ご夫婦でゴルフをして」なんて言われたものだ。「沖藤杯」というコンペを何年か続けた。優勝カップや副賞も用意して、多くの人が集まって楽しかった。

会社では組合の役員もやっていたようで、このように人望のあるらしかった人が、どうして地域の人たちにはかくも人見知りなのか、ふしぎでならなかった。

生活が不活発に

夫には、元気な男という自己認識のもと、健康には絶対的な自信があった。だから、油断があった。ゴルフは完全リタイア後でも、平均すれば週一回は行っていたと思うが、他の日は、書斎に閉じこもって、パソコンゲームをしたり、ベッドに寝転がってテレビを見たりの日だった。囲碁を少しやるので、カルチャーセンターの会に入ったらどうかと、その教室へ連れていったこともあったが、玄関まで行って、「気が進まない」と、半泣きの顔になった。

それではと、家の中の仕事、食後の茶碗洗いを頼んだが、それもしぶしぶやるから、拭き手の私に「これじゃあ……」と言われるほどいい加減。あげくに、何度注意しても大量に洗剤を使うので、手指がたちまち荒れて薬づけになった。結局家での夫の仕事は、ゴミ出しだけだった。庭の草むしりもして欲しいのだが、数本引き抜いただけで「やった」と終わりにしてしまう。

「ゴミ出しの時、ご近所の方に会ったら、必ず自分から挨拶してね。あなたはこれまで挨拶される立場の人で、自分から挨拶してないでしょ。もし道端で転んだとしても、助けてくれるのは会社の人でないのよ、ご近所の方なんだからね。顔を売っておいて欲しいのよ」

このゴミ出しは大成功で、しばらくはご近所の挨拶事情やゴミ問題で、夫婦の会話は盛り上がった。しかしこれも日常のことになると、話題としての新鮮性は消えてしまった。

夫が六〇代半ば過ぎの頃、二年ほど、近くに住む初孫の保育園の「朝の送り」を担当してもらった。朝は夫が、夕方は私が、鉄のシフトで「育じい」と「育ばあ」をやった。夫は言った。

「沖藤のおじいちゃんを見ていて、ぼくもああいうじいちゃんになりたいと思っていたんだよ」

その頃は孫を囲んで子ども向けミュージカルを観にいったりして、「あのおじいが笑った」と、私も楽しかったが、孫の成長とともにそれもなくなり、ゴロンとしたブラブラおじいになった。

私の周囲には、定年後新たな活動の場を見つけて頑張っている男性がたくさんいるのに、どうしてこの人はこうなのだろうと、情けなく残念だった。新しいものに取り組む未来志向がない。会社では、積極的だった人がどうしてなんだろう。

「このままじゃ、閉じこもり老人よ。ブラブラしていないで。何か新しいことをやってみなくちゃ。あなた認知症になるわよ」

生活があまりに不活発だ、そのうちに何か起こるのではないか、その危惧が現実のものとして、今目の前に起こっているらしい。

マインドコントロール

「善意を無視できない」

その夕方、改めて夫の顔をしげしげと見て驚いた。憔悴しきっている。不眠不休で「正」の字を書いては送金していたらしい。

「あなた、いくら振り込んだのよ」

「いくらも振り込んでいないよ」

どうやら金額は、把握していないらしい。

「いつからやっていたの?」

「さあ、三日くらい前からかなあ」

「これは新種の詐欺なのよ。海外から振り込めっていうのも最近ではあるんだって」

「詐欺だなんて、そんなはずない。だって、すぐそこまで金が来ているって言うんだよ」

私は呆れて夫を見た。この人の脳には何かが起こっている。髪はボサボサで、頬は引きつっていて蒼黒い。とてもまともな人間の顔とはいえない。振り込め詐欺とか、母さん助けて詐欺とか、さまざまな被害が報道されている。そのたびに、夫は言ったものだった。

「どうして騙されるのかなあ。ちょっと息子に確認すればいいのに」

今、自分が詐欺にあっているというのに、その認識がない。電話ではなくパソコンで、一回の振り込みが少額だからだろうか。

「とにかく、もう止めてね。騙されているんだって、分かってね」

私は掌の中のカードを握り締めて言った。その時私もトンチンカンなことに、カードを隠してしまえばもう安心だと思ったのである。

「社長は善意なんだから。それを無視するわけにはいかないよ」

「何言ってるのよ。大金あげるからって、五〇〇〇円とか一万円振り込めっていうの、変だと思わないの？　何の理由でそんな大金をあなたにあげるっていうの？」

「変だとは思わないよ。だって、僕を見込んでのことだから」

すっかりマインドコントロールされている。

「ね、いい？　私たちは、働くことしか能のない人間なのよ。そうやって生きてきたでしょ。見も知らぬ人から、素性のはっきりしない大金貰って、それで気が済むの？　嬉しいの？」

弁護士さんを頼む

その夜は、そんなやり取りの後に夕飯にした。翌日、ご近所の菊田さんに応援を頼んだ。警視庁を定年退職した方である。彼はすぐ来てくれて、パソコンを全部調べて、「警察に知らせた方がいい」と言ってくれて、私はすぐ電話をした。その時の管轄の警察官の優しさは忘れ難い。対応の男性は「お怪我はありませんか。すぐ警官をだしますよ」と言ってくれ、来てくれた警察官も優しくて親切だった。

二人の警察官の姿を見て、夫は言った。

「騙されるなんて、そんな筈がない。僕は○○大学の大学院を出て、○○会社の設計部長をやり、○○会社の社長をしたんだから」

顔から火が出るというのは、このことだった。何を恥さらしな。人生一〇〇年時代の高齢期っていうのは、過去の学歴や職歴だけでは生きていかれないの！　何もしないで閉じこもっているからこういうことになったというのに、その自覚が、まるでない。

私は常々講演でも語り、文章にも書いてきた。

「これからの人生一〇〇年時代は、学歴と職歴だけでは生きられないんです。定年後は新たに、「活動歴」というものが必要です」。そう講釈している自分の亭主がこの有様だ。恥ずかしくて汗と涙がだらだら出る。彼らは一時間ほどいて、書類一式を持って帰っていった。菊田さんも帰っていった。夕方、私が買い物から帰ると、夫はなんとこう言ったのである。

「さっきのお巡りさんがきて、犯罪性はないって言っていたよ」

馬鹿らしくて相手にする気にもなれず、「そうかい」と言っておいた。マインドコントロールというのは、恐ろしいものだ。

その後も「カード隠したな。返してくれ」とうるさくつきまとわれた。警察官に来てもらった日の夜も、あまりにもしつこいので、ホテルに避難したのだが、これは失敗だった。夫が、私のカードをあちこちから探し出して、使ったのである。ネットでは、番号さえあれば、誰のカードでもいいのだ。なんとかしなくちゃ。

まず思ったことは、消費者センターに相談することだった。しかし、市からも県からも納得いく回答は得られなかった。具体的な教えがなく、両者ともに「成年後見制度に入ったらどうですか」と言った。今、火事が燃え盛っている時に、水道管の工事をしたらどうですかと言われたって。上から目線で「こんな被害もあった」などと講釈する。電話相談とは、何なんだ。いったい。

娘から「カード番号の記録があるのだから、カードがなくたっていくらでも振り込める。カード使用の解約をしなくちゃ」と教えられた時は、飛び上がった。こういう具体的なアドバイスが欲しかったのだ。カード会社に電話して、カードの解約を頼んだが、その手続きは、私自身のものはいいとしても、夫の分が大変だった。

「本人から、直接に電話を貰わなければならないのです」

本人は、カード廃止なんてとんでもないことなのだ。

こうなったら、弁護士さんにお願いするしかない。友人の弁護士さんに頼んで、この問題のエキスパートを紹介してもらった。わが家に来てくれた彼は、夫の前でしっかりと言ってくれた。

「これは詐欺です。全国では八〇〇〇万円、この県では三〇〇〇万円の被害が出ています。警察に届けましたか。カードは解約してください」

その後、銀行に頼んで関係カードの引き落としを中止し、しぶる夫をせかして、カード会社に電話して廃止の申し出をした。とにかく簡単な手続きで、これならば、近所の旦那さんに頼んで代行してもらってもいいようなものだ。払い込んでしまった金の件は、弁護士さんに一任した。

その後、私のメールにも「○○万円、差し上げます」のメールが入ってきた。「善意」とか「そこまで来ています」とかの言葉があり、夫が騙されたのはこの手口だったのだ。夫のパソコンは専門の先生にお願いして、ネットを切ってもらった。「ネット切るからね」と念を押してあったのだが、メールもできなくなるという認識はなかったようで、怒った怒った！

この件が一件落着したのは一年後、大学病院入院中だった。ネットで振り込んだのは、分かった範囲で六一万円。弁護士さんが取り戻してくれたのが、三七万円で、二四万円の損害。弁護士さんへの謝礼が一四万円、計三八万円の出費。この程度で済んで良かった、初期消火だった。

私のカード二枚は、支払いなどには使えるが、キャッシングには使えなくなった。新たなカード作成の申し込みは、却下された。私も不正使用のブラックリストに載っている。

老人性妄想？

脳のＭＲＩを撮る

こうした事後処理に追われながら、同時進行で進めていたのは、夫の診察だった。私がかかっている精神科の先生に相談すると、「ここのクリニックには検査機器がないから」と、他の神経内科クリニックに紹介状を書いてくれた。

問題は、何と言って夫をクリニックに連れていくかということだった。公益社団法人・認知症の人と家族の会の副会長(当時)である、勝田登志子さんに電話して、入れ知恵をしてもらった。

「パパ(娘の夫)がちょっと調子良くないんだって。クリニックに行くっていうから、あなたも行ってみない?」

ここでもまた娘夫婦を煩わせることになった。ところがいざ行ってみると、「パパの調子」のことはすっかり忘れたようで、自分のみの診察にも不審は持たなかった。

MRI検査の結果、認知症とは診断できない、古くて小さい脳梗塞の跡はいくつかあるが、これが悪さしたとも思えないということだった。長年の大量飲酒が、脳にも悪影響を与えたのかと思っていたが、そうでもなかったらしい。

「老人性妄想ではないかと思います。薬をだしますから、様子を見ましょう」

最初は、一週間後、その後は二週間に一度、通院することになった。夏の暑い盛り、夫を乗せて車を運転していた。その頃夫は、脚の整形外科と糖尿の内科にも通っており、三カ所の通院だった。加えて、私もあちこち不調で五カ所の医院に通院していた。老後は、病院お遍路さんだ。老妻は辛い。自分の身体もしんどいのに、亭主の身体にまで責任持たされて……。

医師は電話で怒鳴った

ネット詐欺の頃から二カ月が過ぎ、夫はとても落ち着いてきて、「あれは何だったのだろう?」と思うほどになった。食欲もあり、ウォーキングも一万歩程度毎日していた。表情も元に戻っていた。それで、神経内科の通院の日に、一人で行ってと頼んだ。

「今日は、タクシーで行ってくれる? 私ちょっと忙しくて」

その頃私は、岩波書店から出す『それでもわが家から逝きたい』の最終校正に取り組んでいた。五月に出した『女五〇代、人生本番!』(佼成出版社)の取材も結構あって忙しかった。

それから一時間くらいだろうか、机の上の電話が鳴った。

「旦那さん、タクシーで来たそうですが、奥さん、どうして付いてこないんですか。普段の様子が分からないではないですか」

挨拶なしのいきなりの怒鳴り声だった。神経内科の医師からだった。元気になった患者が、一人でタクシーに乗って来た、しかし夫の話だけではわからない。信用できない。妻たるべきもの、どうして夫に付き添わないのか、その内心がふんぷんと匂っていた。

「おかげさまで大変よくなりました。よろしくお願いします」

と言って、さっさと電話を切った。普段の様子を知りたければ、怒っている間に、「お家にいる時は、どうですか」と聞けばいいのである。悪化しているのならいざ知らず、元気に回復していて、元気だから一人で行ったというのに。この二カ月の間、いつも運転して行き、家での状態なども話していたではないか。これで地域の医師は、患者や家族の信頼を得られるのだろうか。

発音不明瞭で聞き取れない内科医、レントゲン画像に顔を近づけた妻を追い出した整形外科医、付き添わなかったと電話で怒鳴る神経内科医。地域の医師は昔風の父権主義の医者なのか、老妻ハラスメントなのか。後に大学病院に入院させてその説明の丁寧さを知り、誰に何と言われようとも、最初から大学病院に連れて行くべきだったと後悔した。

前述のように、「後医は名医」というけれど、「前医」だって、さすがの名医という人もいるだろうに、なんという当たりの悪さ。大学病院などでは「三時間待って三分診療」と言われるけれど、三時間待てば、三分は診察してもらえる。その三分が老後の生活を救ったかもしれない、早くに治せば結果として医療費は安くなる。

地域の医師を信じたい

在宅療養医を応援してきて

厚労省は、病院医療から在宅療養の時代へと、政策転換をした。「病院の世紀」から「地域医療の世紀」に。確かに、終末期医療などのあり方は変革期に来ている。病院死が八割の現実は、疑問である。最近は「総合診療医」「在宅療養医という専門医」という言葉も聞く。

地域医療という言葉は、父が癌を患っていた四〇年前頃からマスコミに流れていた言葉である。

それからずっと、実体もなく蜃気楼のように国民の頭上を漂ってきて、今、「在宅療養の時代」とか「地域包括ケアシステム」などと、言葉をリニューアルして、新しい政策を展開しようとしている。一九八〇年初め頃、「家庭医」構想があったのだが、立ち消えになった。今度こそ、家族を犠牲にしない在宅療養のシステムを確立して欲しい。

私もいくつかの国の事例を学んで、日本の「いつでも、どこでも、どの医師にでも」のフリーアクセスは、ベストの医療制度がない以上は、ベターなものであると思う。このフリーアクセスが医療費を押し上げているという意見もあるが、納得のいく医師に出会うまで探せるというのは、ありがたいことだ。もちろん、地域の医師の多くが、実力に乏しく傲慢だと言うつもりは毛頭ない。地道に患者と向き合い献身的に働いている医師もまたたくさん知っている。

調布市の開業医、西田伸一先生は、一般社団法人・医療介護福祉政策研究フォーラムが開催したシンポジウム「二〇二五年に向けての在宅医療」において、医師の使命としてこう述べた。

「開業医は足だ。片足折れなば、片脚にて走らん。両足折れなば手にて走らん。疲れても走れ、寝ても走れ、走り終えて生涯を終わらん。これは、一九九八年公開の映画、原作は坂口安吾、今村昌平監督の〝カンゾー先生〟に出てくる、扁額の言葉です。敗戦直前の瀬戸内海の開業医の話で、とても極端な言葉ですが、医者はこうあって欲しいという市民の声を感じます」

地域の医師にここまでの負担をかけるのはむごいという感じもするが、地域医療とか在宅医療というのは、医師のこういう思想と行動力、政策的支援が土台にあってこそ成り立つと思う。それこそが、「在宅療養医」への市民の期待だし、応援もしている。現代にあっては、全国に西田先生はいるはずだし、在宅療養支援診療所をはじめ、医師のネットワークも進んでいる。

老妻ハラスメント

夫が病気になって、痛切に感じたことがある。

「じい様の通院にはだいたいばあ様が付き添っている。ばあ様は、一人か若い女性が付き添っている。あのばあ様に付き添っている女性は、どのような関係の人だろうか」

じい様の病気はばあ様の責任であるからして、付き添うのは当然。医師もばあ様が付き添っていないと腹を立てる。ばあ様の病気の場合は、ばあ様自身の自己責任であるからして、じい様は家でテレビを見ていても許される。あの神経内科医は、もしばあ様が患者で、タクシーで診察に行った時、家にいるじい様に怒鳴り込みの電話をかけただろうか。

病気だけではない。この後私は、しばしば驚くことになるが、夫の不始末は妻のせいなのである。ネット詐欺のことを、ある社会福祉法人の男性理事長に語った時、言われたものだ。

「それは、あなたの〝旦那さん教育〟が悪かったからですよ」

これをきっかけに、夫の病気についてさまざまな人から非常識なことを言われた。妻は夫の病気の責任を背負っているのだから、至らなさを自覚せねばならない。酒癖の悪さも女房のせい。「あなたが、仕事なんかしていたから」、「あなたが、○○の会長なんかしていたから」、「あんたが、旦那さんをかまってあげないから」、「おいしいものを、食べさせてあげないから」、「女房がちゃんと、見張っていないから」、「旦那さんをタテて、あげないから」。

老妻バッシング、老妻ハラスメントだ！　これは老妻ばかりではなく、〝妻〟というものに対する世間の目なのである。どれほど多くの妻が口惜しさを嚙みしめながら、夫の介護をしていることだろう。

ついに病院を替える

あの神経内科医の暴力的な電話の後、地域の医師への不信感は一挙に募った。脚の方だって、あの先生でいいのだろうか。

「パパ、脚のこと、どうしてもおかしい。一年以上も通っているのに、はかばかしくないじゃない。セカンドオピニオンで他の先生にかかってみない？　前に国立病院の整形外科の先生の講演を聞きに行ったでしょう。お隣の奥さんがお世話になっているんだって」

それは半年ほど前のことで、その時の先生のテーマは膝の関節の話だったが、「いつでも来てください」という言葉が頭に残っていた。

今度は夫も頷いた。さすがに治りの悪いのが気になり、もはやゴルフ肘を……とは言わなかった。病院への紹介状は、ゴルフ肘の先生に頼む気がしなくて、かかりつけの鍼灸の先生に書いてもらった。後で丁寧な礼状がきたと、先生は喜んでいた。

国立病院の先生の診断は脊椎間狭窄だったが、二カ月ほどした時、言われた。

「血管外科をおすすめします。先生を紹介します」

紹介された高橋先生は、本来大学病院の医師なので、検査などは大学病院でする。

さっそく検査したのが、一〇月四日だった。その結果が出た時、初めて私達は、閉塞性動脈硬化症という病気を知ったのだった。その時の診断では、Ⅰ、Ⅱ、Ⅲ、Ⅳとあるうちの、Ⅱ。そのⅡの中には、軽いAと少し重いBとがあるが、夫の場合は、その軽い方。Ⅱ－Aだということだった。月一度の外来診察、運動第一の生活ということで経過を見るという。

「閉塞性動脈硬化症だなんて、こんな病気があるんだ。知らなかったね。それにしてもハンガリー旅行から帰ってきて、一年以上経っているよね。ゴルフ肘の先生を信じ過ぎたね。損した。もっと早くに国立病院か大学病院に行っておけば良かったね」

夫も深く頷いた。せめてあの講演を聞いた半年前の三月に行っていれば……。

「Ⅱ－Aだっていうから、本格的に治療すれば大丈夫だね」

思えば、オロオロとしたネット詐欺だったが、あの時の医師の無礼な電話による不信感をきっかけにして、やっと本来の病気の治療にたどりついた、そんな感慨もまた持つ出来事だった。

あの入院の日の私の、奇妙な明るさには、こういう経過の上での安心感が根底にあったと思う。

第３章　本格的治療の開始

老妻、意外に純情

涙がにじんでくる

突然の入院となったその日、二〇一三年五月二一日は、超音波検査や胸部レントゲンなどの検査が続き、取りあえずの病室である眼科のベッドに落ち着いたのは、夕方だった。売店で、日用品や看護師に指示された物を買い集めて、病室に戻ると、夫がしんとした表情で天井を見ていた。安心なのか失意なのか、何かが抜け落ちたような顔だった。点滴の管が三本ぶらさがっている。

「驚いたけど、入院させてもらえて良かったね。そんなに悪かったんだ。でも、これでもう安心。だんだん良くなるホッケの太鼓」

冗談めかして言う。そんな顔していないで、元気出してよ。

「痛みは?」

顔をしかめる。

「そうか……。でも、急に良くなるというわけにはいかないね。痛みもだんだん消えていくと思うよ。まったく、こんなひどい病気があるとは、知らなかったね」

夫は深くうなずいた。目を瞑って、痛みに耐えているようだ。

何を考えているのだろうか、過去のあれこれ振り返って、自責の念を抱いているのではないか。そんな姿を見ていると、可哀相になってきて、涙がにじんでくる。この夫の毎夜の泥酔、深夜帰宅、外泊、酔って爆発する暴力、家族嫌いなどなどに深い失望を抱いてきたというのに、そして内心では、あんたの自業自得よと思いながら、実際の姿を見ていると、涙が出てくるのだ。

最近では、私の足裏も、まるで綿の塊でも踏んでいるような違和感がある。綿の点字ブロックを踏んでいるようだ。痛みはないのだが、もしやと思うと不気味だった。

ある時、山口果林さんの『安部公房とわたし』(講談社)を読んでいたら、安部公房が前立腺癌四期に入り、転移や痛みがあった頃、彼女もまた顔の右半面に違和感、右腕のだるさに悩まされたという。原因は分からなかった。「安部公房の病気を共有したいという思いが、私の身体に変化をもたらしたのだろうか?」と書いている。

昔聞いた話だが、ある部族では妻に陣痛が始まると、夫もお腹が痛くなって転げまわるそうだ。私なんかその夫のように純情ではないし、愛し合っているわけでもないというのに。

「葛藤の多い歳月だったのよ。さんざんいやな目にあわされて、愛も醒めているというのに、どうして涙なんか出るのかしら」

このことを友人に話したところ、それが夫婦の証だという。

「そういうものなのよ。それが生活をともにした夫婦なのよ」

介護が始まると、過去の人間関係の葛藤が炙り出されてきて、その感情に苦しむと聞く。その反面、別の優しい自分も発見する。友人も母親の介護で、「私って、案外優しいのね」とよく言っていた。わがまま者の私でも、そんな面があったとは驚きだ。

これまで、夫にもたくさんのストレスや私への不満と怒りがあっただろう。私はめったに文句も言わないし、外泊の詮索もしないが、それによって無視されていると思ったかもしれない。酒で自制心を失い、私を張り倒し、ダイニングの椅子を叩き潰し、刃物を持ち出す、そんなことで発散させている屈折がたくさんあったのだろう。直情型の人だから。つい最近も、何が原因だったか、多分私が何か傷つけることを言ったのだろうか、「あんたなんて大嫌いだ。顔も見たくない」と怒鳴った。

それなのに、今こうして涙がにじんでくる。つくづく、馬鹿じゃないのかと思う。ふと夫が目を開けた。

「何？　どうかしたの？」

「二五日に会社のOB会の幹事会があるんだよ。会社の事務局に電話して、入院したから欠席だと伝えて欲しい」

「入院っていっていいの？」

うん、とうなずく。私なら入院なんていわない、「急な用件で」、くらいにしておく。こういうところにも性格の違い、あんたが右むきゃ、あたしゃ左の違いがある。
ロビーに行って電話して、用件を伝えた。その時、若い医師がやってきて、入院療養計画とアレルギー関連の検査の説明をしたいと言った。

我ら懲りない世代

説明と同意

医師の説明は丁寧なものだった。この後私は何回も「説明を聞いた後の同意書」を書いたが、いつもその口調の柔らかさ、理解してもらおうとする熱意に感謝した。言葉も明瞭で、意味や漢字などを教えてくれて、理解してもらおうと熱心だった。

かつては、大学病院の医師は冷たくて権力的と言われていたが、ここの大学病院の医師は、地域の開業医よりも親切で、そういう常識？がひっくり返っている感じがする。患者や家族との向き合い方が訓練されていて、態度も言葉も丁寧だ。最近では、若い医師向きにそういう教育プログラムが組まれていると聞いた。

大学病院と比べては悪いが、地域の医師は年配者で、患者が多いせいか、患者への態度に疑問を感じることが多い。医師も人の子、いろいろあって当然とはいえ……。私がかかったあるレディスクリニックの医師は、両手両膝を揃えて入り口に向かって患者を迎えて、言葉や態度は丁寧なのだが、同じ薬を一年以上出して、「治らないのはトシですから」と言った。そんなはずはないと別の医師にかかったら、半年ほどで快癒した。これも後医の有利さだろうか。

ただ、医師と一般人とでは、医学についての知識の差があまりにもあり過ぎる。大学病院でも説明をほんとうに理解したかどうか、何ともいえなかった。ほとんどの場合メモをとり、家に帰ってパソコンに入力して、何度も読み返したが、医学用語などはネットで調べても理解できないことが多かった。それでも私は思った。

「大学病院のお医者さん達は、熱心に説明してくれている。それも仕事の一部かもしれないけど、熱意があれば、説明に同意しよう」

〝説明と同意〟は、医師の自己防衛と言う人もいるけれど、それはそれでいいじゃない、私には〝医師の熱意と患者や家族の納得〟に思えた。医師が自分達の判断や方針を家族に理解してもらおうと言葉を尽くしている、このことにいつも私は感謝した。

家族のいない人は、入院保証人とかこういう同意書にはどう対応したらいいのだろう。最近では、そういうことを請け負うＮＰＯ法人もできているが、不便なこともあるだろう。個人情報保護で、親友でも病状を知らせてはもらえないそうだ。最近近所の主婦が、夫亡き後、「子どもがおりませんから、兄や甥のいるところへ」と引っ越したが、その切実さが肌身に沁みて理解できた。

また旅行に行こう

会社への電話と医師の説明を終えて病室に戻ると、うとうとしていた。

「ご本人はいなくて、事務の人に伝えておいた。驚いていたよ」

「そうだろうな」

「こんな病気があるなんて知らなかったね。つくづく、無知で傲慢だったよね」

夫は、またうなずいた。この点については、私も共犯者なのだ。ゴリラだと思い込んでいて、健康管理に手抜きがあった。タバコだって、六〇年は吸ったのではないだろうか。若い頃から「タバコなんて、すぐ止められる」と豪語し、実際一カ月くらいは止めてみせるのだが、間もなく吸い始める。これが何回もあった。何年も脅したり喧嘩したりしたあげく、ようやく最近になって、止めさせたのだ。シーツにタバコの焼け焦げを見た時の恐怖は、今も忘れられない。

私には自己管理を強調した夫だが、自分にはどうだったのだろう。夫は、発病について後悔とか不安とか、反省とか、回復への期待とか、何かを言葉にすることは一切なかった。この人は、自分の心を語ることができない人だから……と思うのだが、ひとことあっていいんじゃないのと、もって行き場のない感情の渦に悩まされる。でも、相手は病人。やはりここは励ましたい。

「ほれ、真壁先生の前の高橋先生の時、状態はⅡ-Aだって言ったじゃない。そんなに悪くない病状だって。入院してしっかり検査して、痛みをとってもらえば大丈夫よ。ベトナム旅行にも行けるかもしれないよ」

前年一〇月、診断が出た頃、暖かくなったら、ベトナムに行こうと、パンフレットも集めていた。ベトナムには夫の会社関係の人がおり、珍しく乗り気だった。高橋先生も言った。

「ああ、それはいいですね。そのためにも、よく歩いて、脚を鍛えておかないとならないですね。血圧のコントロールも、ですよ」

老後の夫婦は旅友達。今でも途中で不機嫌になって、ぷいとどこかに行ってしまうこともあるというのに、私は懲りない。何があっても懲りない世代なのだ。楽しみのためのリスクだと割り切ればいい。もちろん、旅行先で私の写真をとってくれるなんて、そんな期待なんかしていない。

この旅行を励みとして努力しよう。回復を目指そう。しかし、入院して痛みをとってもらう……、そのことが、どういうことを意味するのか、私も夫もまだ何も知らなかった。

結局、頑張る古女房

入院直前の日常生活は、日に四〇〇〇歩程度歩く。血圧は一四〇程度（毎朝きちんと測っていたかどうか怪しいと後で知った）、朝は自家製の野菜ジュース中心の軽食、血糖値も下がって、いい調子だった。しかし、三月頃と予定していたベトナム旅行は、用心して取り止めにした。高橋先生が転出して、主治医が真壁先生になったのはこの頃だった。

五月の連休頃は、痛いといいながらも家の中を歩いていたし、復活した食器洗いもやっていた。痛くて横になれないとソファで寝るようになったのは、入院の一〇日くらい前からだった。

五月に入って、まさか入院するとは思わず、介護認定を受けた方がいいかと思い始めた。地域包括支援センターに電話すると、主任ケアマネジャーが相談に来てくれると言う。一週間後の五月二八日の予定だった。在宅介護前提での依頼だった。延期してもらわなければならない。その入院の日、夜八時に来客の予定があった。ある雑誌社の編集者が、大急ぎで見てもらいたいものがあるという。お互いの都合を合わせて、この日、この時間の約束になった。

時計を見ると五時になっていた。気がつくと、お昼ご飯を食べていなかった。

「ね、お昼何も食べていないよね。お腹空いていない？　売店に行って何か買ってこようか」

夫は首を振った。

「そうか。もうじきお夕飯だね。じゃ、止めよう。私、人に会う予定があるのよ。帰っていい？　明日、パジャマとか下着とか入院のもの用意してくるからね」

立ち上がると、同室の方の家族と目があった。私より少し若いかと思う人で、大きな荷物を持っていて、帰るところだった。並んで廊下を歩きながら、彼女は言った。

「じつは、うち、明日退院なんですよ」

「まあ、それは良かったですね」

「どうなんでしょう。不安で一杯。でも病院に来るのも電車とバスだから、それも辛いし。通うのも大変、退院すればもっと大変。車もね、あの人、私が運転免許を取るのに反対して。今さら運転免許とりにも行けませんでしょ。制限されてばっかり」

女性はささやくように言った。古女房は辛いのだ。胸の中には、過去の無念や愚痴がたくさん積もっているだろう。ここにも「夫の常識に従順であった妻の不幸」がある。ナースステーションに寄るという彼女と別れて、エレベータに乗った。

私は、「家族のための運転手なんかになりたくない」と言った夫のおかげで、三〇代後半で免許をとった。夫が運転免許をとったのは、六〇歳過ぎてからである。この年になれば、車はほんとうにありがたい。しかし、車への依存度が増せば増すほど、運転の危険性も高まる。いつ免許を返上するか、悩ましい問題である。でも、今は車が頼りだ。そう思いながら、車のキーを回した。

「あの主婦も文句いいながらも、結局は頑張ると思うわ。なんたって懲りないのが、我々世代の古女房、懲りない古女房なんだから」

湧き上がる不安

企業戦士の悲惨な晩年

やってきた編集者との用件は、小一時間で終わった。雑談になって、今日の出来事を話した。

「閉塞性動脈硬化症ですか。うちの父もそうだったんです。両脚を切断して。膝下で」

「えっ、切断？　おいくつでした？」

「切断したのは七七歳で、二年後に亡くなりました。生きる気力をなくしたのか、手術してからがくんと弱って」

どんと心臓を一突きされた思いだった。夫も今七八歳なのだ。入院と言われて以来の安心感や、ハイになっていた気分がぶっ飛んだ。

「お酒、飲みました?」

「営業職でしたから、それはもう浴びるほど。タバコも吸いましたし。毎晩お祭り騒ぎのような具合で」

ともに、昭和一桁生まれの企業戦士。とくに彼女の父上は営業職だったそうで、高度経済成長期、モーレツサラリーマンと、もてはやされた時代の人だ。本人としては充足した会社員生活であったろうが……。「男は外に出れば七人の敵があり」と言うけれど、「されど八人の仲間あり」とも言う。その中で作り上げた擬似家族や仲間は、本物の家族よりもずっと楽しかったに違いない。仕事、仕事と、仕事一筋、あれもこれもすべてを「仕事」の風呂敷に包んで、飲んで、飲んで。彼女の父上も、時代の犠牲者だったのではないかと思う。

夫も同時代を生きた者、家族のことは玄関を一歩出ればすべて忘れた。子どもが小さいころは、朝バイバイの時に「また来てね」と言ったものだった。毎朝私は聞く。

「今日は何時に帰るの」

「わからない」

こんな問答を儀式のように何十年と繰り返し、たまに「早く帰る」と言っても、電話一本なしに深夜になった。ボーナスなんぞは、ついにそのありがたみを味わわせてもらえなかった。そういう生活でいいいと思っているの？　と聞いたことがある。

「僕だけを責めないでくれよ。社会が変わらなければ、僕も変わりようがない」

つまりは、変わりたい、変えたいという意志がないのだった。そういう〝社会〟に甘えて酒を飲み、家に帰ると何かが爆発するらしかった。ベッドの中で呪詛のような言葉を、一時間も二時間もぶつぶつと吐き続けて、枕は涙と唾でびしょ濡れになることもあった。仲人やゴルフを一緒にする時の顔とは、あまりにも違った。夫には二つの顔があった。これは企業戦士に共通するのではないだろうか。

彼女の話は、黒い雲のように私の胸を覆った。七七歳で両脚膝下からの切断。真壁先生がすぐ入院しましょうと言ったのは、相当悪くなっていたからなのではないだろうか。

夫も脚の切断？　まさか！　そんなに悪いはずがないと、強く打ち消した。その夜は、相次ぐ検査や入院手続きなどで、相当疲れていたのに、脚の切断かという不安と恐怖で神経が昂ぶり、明け方まで眠れなかった。

さっそくステント手術が「ありがとう」と

翌朝、面会受付に断って、一一時半頃病棟に入れてもらった。パジャマやガウン、洗面具などなど旅行用トランク一杯の荷物だった。血管外科の病棟、六人部屋に移されていた。同室の方々に挨拶して、テレビのことや、どの看護師さんが偉いとか、情報を貰った。

「どう？　眠れた？」

首を振る。痛みで眠れなかったと言う。昼食時だというのに、夫には食事が出ない。運んでいる〝補佐〟と言われる人に聞いてみると「さあ」という返事。一時頃、午後ステント手術をするので食事はないと看護師から連絡があり、納得する。昨日、若い先生が説明していたことだったのだ。それにしても、入院した翌日にすぐ手術とは。そこまで悪かったのかと可哀相に思うと同時に、素早い処置にありがたさが込み上げた。夫に言った。

「ステント手術するって。さっそく動いてくれて嬉しいね。ご飯はその後だよ。お腹空いている？」

夫は力なく首を振った。

ステント手術は、一時間半程度と聞いていたが、午後四時頃にベッドを出て、戻ってきたのは三時間後、七時を過ぎていた。戻ってきた夫を見て驚いた。その頃始まっていた手のむくみがさっそく消えていた。血流が良くなったのだろう（ステント手術については、「広がるステント治療。足の動脈硬化に有効」『朝日新聞』二〇一四年二月一八日、にくわしい）。

手術中ずっと待っていたので、私も食事なしで、お腹が空いていた。ベッドに戻って一時間ほどすると、「帰っていいよ」と言う。それじゃ、と帰り支度をしていると、

「ありがとう」

夫の声がした。昨日は、「すまん」と言った。それ以上の言葉はなかったが、意外な言葉である。涙がにじんだ。その時は誰よりも苦しく辛いのは本人なのだから、これ以上の言葉は期待するまいと思った……。

翌日病院に行ってみると、脚も手もむくみが消えていて、普通の状態に見えた。ステント手術の効果がすぐに現れたようだ。右脚に一本、左脚に二本ステントを入れたと言う。麻酔のせいか、痛みもなく、久しぶりによく寝たと言う。顔色も良くなっていた。

「すごいいびきだったよ」

お向かいのベッドの方が、笑いながら言った。それは、それは、ご迷惑様で……。

でも、そんなにぐっすり寝られて、ほんとうに良かった。

総合病院の良さ

その翌日の朝、中央共同募金会(社福)の理事会に出席するため、駅の階段を下りていた時、携帯電話が鳴った。病院の男性看護主任さんからだった。

「明け方、呼吸困難になって。特別の処置をしたので、すぐ来て欲しいんです」

「今、駅にいますが、すぐそちらに向かいます」

「車ですか? 急がなくていいですから、安全運転で」

先方に電話して突然の欠席を知らせ、病院に向かった。

驚いたことに、夫はナースステーションの控え室に移されていた。心臓モニターをはじめ、何本もの管でつながれていた。若い医師が二人、交互に説明してくれた。

「早朝、意識を失いました。すぐMRIをとって調べ、処置しました。首の片側の動脈が詰まっていることが分かりました」

他にもあれこれ言ってくれたのだが、メモを取り忘れて記憶にない。それにしても、入院してすぐに意識消失とは。この入院は危機一髪のところだったのだろうか。脳に至る首の動脈が片側詰まっていたというのも驚きだ。もしかしてあのネット詐欺、あれは頭に血がちゃんと回っていなかったために起こったのではないだろうか(後に真壁先生から、因果関係はなんともいえないと言われた)。

「脳梗塞か脳出血か疑ったのですが、小さくて古い病変はありましたけど、大きなものはなかったですね。呼吸の状態は良くないのですが、肺炎とかはないようです。循環器の先生にも診てもらっています。旦那さん、いろいろ話してくれましたよ。北海道出身とか」

何を喋ったのだろう。また恥さらしな自慢話でなければいいのだが。この日も、昼食なし。しきりに水を飲みたいと言うのだが、看護師はダメだと言う。

「大酒飲んでいた頃のビールの味でも思い出して、我慢しなさい」

看護師達や医師が笑った。しかしこの時娘達へのメールに、「……と言ってやった」と書いたために、二女からそんないい方はないでしょと叱られた。長女は在米だし、家族が情報を共有することが大事だと、症状をメール送信していたが、うっかりした書き方はできない。この時の状況としては、夫は苦笑するし、みんな笑うし、明るくていい雰囲気だったのだが。

この二女は、二〇代の終わりに、ドイツ留学からの帰国を決めた。私は、「ずっとドイツにいてもいいんだよ」と言ったのだが、「日本で暮らしたい」と帰ってきた。幸い、すぐ就職も決まり、結婚して二人の娘に恵まれた。

「ママはずっとドイツに居てもいいと思っていたけど、こうやってパパが病気すると、側に娘がいるのは心強いわ」

「そのために帰ってきたんだから」

その時の感謝の思いは忘れ難いのだが、母親には厳しくて、なかなか畏れ多いのである。

さてその日、看護係長から今後は個室に入れること、その料金一日一万五一〇〇円（当時の消費税五％含む）について説明があり、承諾書にサインした。その後は、状況に合わせて無料の六人部屋と個室を行ったり来たりした。私の財布の具合も勘案してくれたようだった。入院保険にも入ってくれていないのだから、財布は重要だった。

どうしてこんなに急激に

昨日の若い先生が、ロビーに私を呼んだ。

「午後、脳波の検査をします」

「今朝のことはほんとうに驚きました。入院前の診察は四月三〇日で、この時は薬だけで帰されたんです。その後、急激に痛みが強くなって。わずか二〇日の間の激変でした」

「血管は、詰まり始めると急激に詰まるんですよ」

「そうなんですか？　病院からいただく痛み止めが効かなくて、夫はしきりに〝ロキソニン〟を買ってきてくれといいまして。真壁先生に、あれは腎臓に悪いと言われて出してもらえなかったんですけど、結局薬局に走って……」

「これから場合によっては、人工呼吸器をつけるかもしれません」

「え？　そんなに悪いんですか」

「もしかしたら……、です」

「夫も私も人工呼吸器は望んでいませんでしたが、それは九〇代くらいになってからの話で、今は、男の平均余命までは生きて欲しいです。今年の秋で七九歳ですから」

その頃、登山家の三浦雄一郎さんが、八〇歳にしてエベレスト登山に成功して、「傘寿、山寿」とマスコミ報道がされていた。

「夫だって、スポーツマンだったのに」

またしても、あの〝腰椎すべり症〟の診断をし、私を外へ追い出した医師を思い出す。早期発見を見逃したのではないか。私の医学の無知も情けないけれど、一年以上を無駄にしたという思いは強い。

衝撃の説明

血管があちこち詰まっている！

入院して一週間経った夜、主治医の真壁先生から説明があった。その夜は、娘も会社を早退し、子どもを夫に託して病院に来てくれた。先生は、ＭＲＩの画像を見せてくれながら、

「腹部大動脈の血管は壁が厚くなって波打ったようになっています。狭窄を起こしています。石灰化して、白く写っています。骨盤から太腿までの間も血管が非常に狭くなっています」

白く石灰化している血管、ヒモのようによれよれになってぶら下がって見える血管。

「腿の付け根から膝までの間では、両脚ともに本管が閉塞していて、枝分かれしていて、本

来は筋肉に行く細い血管が膝下につながっていて、そのおかげで血流が保たれている状態です」

こういう状況を〝側副血行路〟というのだと、昨日若い先生が話してくれていた。ほら、車が渋滞した時、わき道に逃げるじゃないですか、あれのようなものですよ、と。

「左膝下の写真ですが、三本写るべき動脈が一本しか写っていません。それも足先に繋がるべき二本が左右どちらも閉塞しています。真ん中の小枝のような血管のみで血が流れていますが、その血管もさらに細くなっているんです」

左右では左の方が、状態が悪い。その左足の足先が急激に紫色に膨れあがり、激しい痛みを招いているのだった。この後、ステント手術が時間を要した理由として、血管が非常に細くなっていたことを見せてくれた。

「入院後の処置としては、血液をサラサラにするための点滴、血管を広げるための点滴、痛み止めを使っています。ステント手術で太腿から膝までの血流を良くしましたが、膝から下はまだです」

この後、腎臓の問題に移った。「これから専門の先生と相談しますが」と前置きして、大方次のようなことを話した。

「腎機能が低下して、たんぱく質をうまく吸収できなく、一日に四グラムの蛋白が尿に出ています。血管造影剤は腎臓によくないのですが、ステント手術のために止むなく使いました。入院当時痛みも酷かったので、痛み止めも使いましたから、それも腎臓に打撃を与えたと思います」

この利益相反……。腎臓に良くないと言われていたロキソニン、痛みをなんとかしたいと、買いに走っていた私。

壊疽部分の切断？

「問題は、壊疽《えそ》の部分です。目下経過観察中です。理想は、乾燥した状態で局部的な壊疽で納まることです。ただ、痛みの程度がまだよく分かっていないのですが、温存することで痛みがひどいのであれば、切断という選択もあり得ます。また、あまり乾燥せずにグチュグチュするような壊疽であれば、黴菌が広がる恐れがありますので、やはり切断します。その見極めには時間がまだ必要です」

切断……。あの彼女の父上のように……。まさか、まさか。まさかそんなことが。身体が冷えて、小さく震えた。

真壁先生の口調は、穏やかで静か、淡々としたものだった。素人に理解してもらおうと、言葉を一つひとつ解きほぐしてくれている。しかしその内容は過酷なものだった。でも私はその時まだ、その深刻さを十分には理解していなかったと思う。

「今日は熱が三七度九分ありましたが、原因は分かりません。身体全体が炎症を起こしているようです。何か質問はありますか」

「今後の見通しは……」

「入院した時から見ると、少し落ち着きましたが、長期戦です。ここに数カ月入院して、その後すぐの帰宅は難しいでしょうから、別の病院に転院して車椅子に慣れる時間も必要です。その際、腎機能がどれほど低下するか、それによって選ぶ病院も違ってきます。また、動脈硬化が身体全体にあるため、どこか一部処置しても調子がよくなるわけでもありません。残念ながら完治することはありませんし、状態が急変することもあり得ます」

先生はここではっきりと「完治しない、状態の急変もあり得る」と厳しい予測を語っていたのだった。全身の動脈硬化、腎臓の機能低下。糖尿。完治しない病気。急変の可能性……。あげくに脚の切断、そして長期戦。それをメモし、パソコンに入力しながらも、私はその言葉の意味と深刻さを血肉にしみて受け取ってはいなかったように思う。

外科なんだから、やがて元気になる、元のような生活に戻れると思っていた。願望を症状認識にすり替えていたのかもしれない。後に、友人の医師が言った。

「先生は言葉を選んで、完治しない、いつ何があってもおかしくないと言っていたのだけど、あなたは理解していなかったでしょう」

確かに私は、脚の症状や切断という言葉に圧倒されて、内部疾患の深刻さは理解していなかった。あのゴリラの内臓がここまで打撃を受けていたとは、思いもよらなかった。

それよりも気になるのは、病院を追い出されることだった。

「こういう大きな病院は、三カ月と聞いていますが」

「状態によります。患者さんを放り出すようなことはしませんよ」

その言葉に安心した。私と娘は立ち上がって挨拶し、カンファレンス室を後にした。娘を先に帰して、病室に戻ったが、掛ける言葉が見つからなかった。幸い、うとうとと寝ているようだった。しばらく側にいて、私も駐車場に向かった。

要介護認定の失敗

いつ認定を受ければいい？

前述のように入院するとは思っていなかったので、在宅介護のために要介護認定を受けようと思っていた。親しいケアマネジャーに相談すると、「その方がいい」と、アドバイスも受けた。ところが突然の入院、再度〝地域包括支援センター〟に電話すると、それでも話を聞きに行きましょうと言ってくれた。この職場は大変忙しいと聞いていたので、わざわざ来てくれるということに感激した。要介護認定は「状態が安定している時」と言われている。まだ安定はしていないが、せっかく来てくれるというのだし、今後の相談をするにも一度会っておきたいと思った。その社会福祉士さんが、来てくれたのは、真壁先生の説明を聞いた翌日だった。

介護保険関係者に会う時は、状況をメモして渡すといいと聞いていたので、家族歴やこれまでの経過、前夜の話などを簡単にメモしたものを用意しておいた。

体格がよく活発そうで、感じのいい若い女性だった。しかし、最初の言葉に少しショックを受けた。

「あら、パソコンできるんですか」

その言い方に、「へえ、ばあさんなのに」という響きを感じたのは、ひがみであったかもしれない。その時は、いますぐ認定を受けたいという気持ちではなかった。だが、その社会福祉士は言った。

「認定は持っていた方がいいですよ。いざ何かあった時の選択肢が広がりますから」

専門家が言うのだから、そうかもしれない。じゃあ、お願いしようか。介護保険証を持って彼女は帰っていった。自分で市役所に行くものと思っていたので、ありがたいことだと思った。

驚きの言葉と行為

女性の訪問調査員が病院にきてくれたのは、六月の末だった。基礎資格をたずねると、介護福祉士だと言った。彼女にもメモを渡すと、「あら、パソコン……」と同じ言葉が返ってきた。

認定は、すべて質問と返事で進行した。私は、たとえば「座位保持」なら、実際にやらせてみて判断するのかと思っていたが、「できますか」と質問して「できます」と答えると、それが記入される。「両足での立位保持」も「歩行」も「移乗」も、実地の計測ではなかった。要介護認定は、一次の基本調査で基準時間の範囲を調べ、その後医師や介護専門家などによる二次の認定審査会の結果で決まると教えられていたが、現場の一次調査とはこういうものかと意外だった。

調査の途中で、訪問調査員は驚くべき行動に出た。

その時夫は、ベッドを四五度の角度にして寝ていた。調査員は夫の正面に座っていたが、突然左手を握って夫の鼻先に突き出し、右手を手刀のように振り下ろして言ったのである。

「脚、切断するんですか」

とっさに私は、その手を押さえた。

「止めてください！　今、そういうことにならないように、先生方が努力してくれているんです。なんてことをするんですか」

認定というのは、現状に対して行われるもののはずだ。未来に起こるかもしれないことを聞くのは、職権に名を借りた興味本位ではないのか。しかも、本人の鼻先で、手刀で切る仕草までして。

彼女は、その後いくつかの質問をして、三〇分ほどで廊下に出たが、私は追いかけていった。

「非常識じゃないですか。本人がどんな思いでいると思うんですか。悪いけどこれは、介護保険課長に知らせます」

介護保険課の課長の激務は、課長経験の知人を通して聞いてはいたが、こんなことをされて黙ってはいられなかった。

結局この要介護認定は、真壁先生が主治医の意見書を書いてくれず、取り下げとなった。二度ほどお願いしたのだが、「意見書の中に、介護や生活機能についての項目があるんですが、その辺がどうも書きようがなくて」。家に帰って参考書でどんな項目があるか調べたのだが、どこが書きにくいのか、やはり症状が安定していないということだろうと思った。介護認定を受けるのに、ふさわしくない状態だったのだ(要介護認定は、転院して翌春に受けた)。あの親切な社会福祉士さんの「認定を持っていた方がいいでしょう」というアドバイスは、後味の悪いことになってしまった。

私には、介護職や福祉関係者にたくさんの知人がおり、「介護関係の仕事をしている人は、何かを多く持っている」と感じることが多々で、尊敬もしている。その関係の組織や学会にも関わっており、著作や講演で応援もしてきた。だから、あの行為は、なお残念だった。彼女とて、一瞬の好奇心だったろうと思うが、私の受けた打撃は大きかった。今後夫が、「介護認定はもういやだ」と拒否したら、どうしよう。

訪問調査員と別れても、身体の震えのようなものが止まらなかった。辛いのは、切断の問題なのだ。そこをぐさっと突き刺されて、あれこれ未整理な感情が胸の中で渦巻き、認定を受けようとしたことを後悔した。切断だけは避けたいのに、その日が恐ろしい勢いでこちらに向かってくるようで、梅雨があけたというのに、肌寒く感じる日が続いた。

第４章　最新医療と家族の絆

病名は五つ

排便のすったもんだ

浅はかにも入院すれば、すぐに痛みが治まるかと期待していたけれど、これは簡単なものではなかった。痛みはさらに増して、寝る前に飲む痛み止めだけでは治まらず、夜中に麻酔科の医師に来てもらうことが毎夜のように続いた。その痛みを夫はこう表現した。

「心の棒、心棒が折れるような痛さだ」

心の棒とは、辛抱し耐える力を言っているようだった。言葉による表現の少ない夫には珍しいことで、どれほどの痛さ、辛さだったろう。

痛みと同時に大きな問題は、排泄だった。〝小〟の方は導尿カテーテルがついて、尿量等が測られていたが、問題は〝大〟だった。便秘と下痢を繰り返していて、その頃は便秘が続いていた。

ある日、面会に行くと、険しい顔でいきなり言った。

「看護師、腹が立った」

夫は、医師や看護師に、つまらない文句を言う人ではない。

「どうしたの？」

「紙おむつの中で、ウンチしろ、って言うんだ」

「どうして？」

「知らん。看護師がそう言ったんだ。そんなこと、できるわけないだろう」

私も介護施設での取材時、おむつで排尿、排便ができるか実験して、さんざん辛い思いをしたあげく、挫折した記憶がある。

「そりゃそうよ。紙おむつの中にウンチなんて、簡単にできることでないわ。どうして差し込み便器持って来てくれないの、失礼ね」

病棟の方針なのか、ここではポータブルトイレは使っていない。いつもは、ベッドの上でステンレス製かゴム製の便器を使う。車椅子でトイレに連れていってもらうこともあった。

この時の看護師の判断は、多分血圧も不安定でトイレに行くのは危険、身体を動かさないようにという、安全を考慮したものだろうが、意識もプライドもある男に、いきなり紙おむつの中で排便せよというのは、酷な話だった。

「だから怒ったんだ。そんなことできるかって」

結局、ステンレス製の差し込み便器を持ってきてくれて、排便できた。しかし、怒りは収まらず、何度も「腹が立った」と言った。

「看護師さんの名前分かる？」

「〇〇。ベテランらしいんだけど、日頃からきついんだ」

数日後、廊下で出会ったので、声をかけた。

「この間の排便の時、夫がわがまま言ったようで、ご迷惑をおかけしましたね。すぐご挨拶にも伺わないで失礼しましたけど、これからもよろしくお願いします」

たっぷりと裏メッセージを込めた〝ご挨拶〟だった。ついでに、お肌がなんてきれいなんでしょうと、付け加えておいた。数日後、夫は言った。

「あの看護師、態度が変わったよ」

ご挨拶効果は、てきめんだった。この病棟の看護師はどの人も明るくて親切である。二十数年前、私が抜爪手術でこの病院に入院した時は皮膚科だったが、退院時、たくさんのクレームをつけて帰ってきた。今はそのような支配的、居丈高な看護師はいなくなった。

高度医療の大学病院であっても、排泄は微妙な、しかも尊厳にも関わる重要な問題なのだ。おむつの中への排泄の強要は、拘束あるいは虐待ではないのか、後日、医療法学の大学教授にそのことをお尋ねする機会があった。

「人格権の侵害でしょうね」

夫の怒りはここにあった。

女房に張りたい見栄もある?

この後もステンレス便器で排便することが続いたが、私がいる時に、こんなことがあった。

「ママは外に出ていて」

「どうして?」

「だって、カッコ悪い」

女房に張りたい見栄もあるのか。今更なんだと思ったけど、看護師にまかせることにした。女房だからこそ、張りたい見栄もある。

「すみませんね」

「いいんですよ。安心していてください」

介護者の取材でも排泄は、夫婦の機微を映し出すものだと実感していた。ある夫は、排便は女房の手でなければダメだと言う。看護師でも保健師でもホームヘルパーでもダメだと。妻の中には、夫の手はいやだと言う人もいる。逆に夫の手でなければ安心できないと言う人もいる。長い夫婦の関係性の現われだろう。

「ママの前での排便は、カッコ悪い」

夫の胸の内には、私に対していろいろな思いがあるのだろう、そう思いながら廊下に出た。

看護師も医師も気持ちのいい人ばかりなのだが、えっと驚くことが一度あった。ある時、見たことのないやや高年の医師が長い白衣を着て、若い医師七、八人を連れて、夫のベッドの側に来た。多分偉い先生なのだろう。隣の医師に何かささやくと、いきなり夫の左足を上に持ち上げた。

「痛い！」

夫は悲鳴をあげて上半身を起こして、ベッド柵にしがみついた。

「可哀相！」

私も叫んで、頭を撫でた。医師は、何も言わずに、そのまま周囲の医師と話しながら部屋を出ていった。自己紹介もなく、その行為の説明もなく、見解もなく、患者や家族には会釈も説明もなかった。なんと無礼な。白い巨塔の権威主義は払拭されていないのか、目を疑うようなでき事だった。追いかけて……と思ったが、できなかった。患者の立場の弱さを実感した。

血流回復のための努力

その後もさまざまな検査や手術が行われた。そのたびに膨大な内容を含む「説明と同意書」が渡されてサインした。内容を説明してもらったこともあるが、ほとんどは看護師から渡されて自分だけで読む。その内容は十分理解できないのが普通だったが、それでもサインした。前述のように、医師の責任逃れというよりも、「これからやることを理解して欲しい」という誠実さを感じたからだった。ヨード造影剤の時の若い先生の説明は、入院してほぼ一カ月経った頃で、呆然としている頭にもよくしみとおるものだった。

「ヨード造影剤を使わせて欲しいんです」と前置きして、現在の病名は五つあると言った。

「閉塞性動脈硬化症(左第二趾が壊死して黒くなっている。左足小指の付け根あたりも壊死)」「糖尿病(これは良くなっている)」「腎機能の低下」「狭心症の疑い」「左内頸動脈閉塞」。

これまでの真壁先生の説明をまとめたものだ。いつの間に、これほど多くの病気持ちになっていたのだろう。やっぱり、大学病院のような総合病院でなければ、複合的な病気の発見はできないのか……、またしても地域の医師が、見抜いていてくれれば……と、思ってしまう。日頃「大病院、大学病院志向の日本人」として、多くの人を批判的に見ていた自分が恥ずかしい。

「入院の翌日にステントを三本入れましたが、痛みはなくなっていません。どこまで血流が回復しているか、はっきりしないんです」

「そうですね。痛みは依然として強いです」

「来週、麻酔科の先生から〝交換神経ブロック〟をしてもらう予定です。対症療法ですが、血管が少し広がる可能性があります。だからヨード造影剤を入れてCTをとり、血管、血液の流れを確認したいんです。その結果で、〝血管再建〟の外科的治療ができるかどうか、判断したい。ただ、ヨード剤を使うことにはジレンマがあります。腎臓を悪くしてしまうこともあります。利益相反です」

「腎臓機能が低下したら、どうなるんですか」

「最悪の場合は、週三回程度の透析ですが、そうならないように予防します。狭心症や頸動脈閉鎖に悪影響が出る場合もあります」

もしそうなったらその時はその時、運がなかったとあきらめよう……。話を聞いておくだけでも、心の用意ができる。

「不幸中の幸いは、血圧と糖尿のコントロールがうまくいっていることです。ただ、足底の血圧は一七で、普通は三〇以上ですから、非常に悪いですね」

こんなに厄介な病気を抱えて。またしても、あの大酒のツケが回ってきたと思ってしまう。

「家で食事して一一時にはベッドにはいっている生活をしていれば」、という感情が渦巻いてくる。夫にも言ったことがある。後で後悔したが、口調が意地悪だった。

「自業自得よ。まさかこの俺がと思っていたでしょ。まさに、その〝まさかの坂〟だったね」

痛みに苦しんで可哀相だと思いながら、言わないと気が済まなかった。やがて私もまた、娘などから「自業自得よ」と言われる時がくるかもしれない。いや、必ず来るだろう。「業が深いのよね」とかも。人はみんな自業自得で、業が深い。〝まさかの坂〟もやってくる。そう覚悟する。

若い医師が求める同意書にサインして渡した。医師は付け加えた。

「足も多少ですが、ぐじゅぐじゅした感じがなくなって、このまま乾燥してくれたらと、僕らも期待しているのですよ」

気持ちがぱっと明るくなって、胸が開いたような思いになった。問題はそこなのだ。脚と足先の問題なのだ。切断という最悪の事態を避けることなのだった。そこに期待を込める。利益相反を乗り越えて、いい方向にいってくれるのを願うばかりだった。

弾まなかった長女とのサンフランシスコ

その数日後から、在米の長女のところに出かける予定があった。前年から計画していたもので、払い戻しのできない超格安チケットを購入してあった。娘が留学で渡米してから九月で三〇年になる。その記念のお祝いを、母娘でしようというものだった。よもやこういう事態になるとは、予想もしていない時期の計画だった。諦めるしかないかと思いつつ、看護師に相談してみた。

「一週間の予定ですが、どうでしょうか」

思いがけず、「いいですよ」という返事をもらった。

三十数年前に西海岸のホスピス施設やそのシステムなどの研修で、サンフランシスコを中心に北米西海岸に行った。港の美しさ、小エビのコクテールのおいしさなどに、米国のイメージ、汚くて騒々しく、食べ物もまずいという偏見が消えた。ホテルで娘宛に、「あなたも一度是非アメリカに来るといいよ」と葉書を書いたことが、留学熱を掻き立てたようなものだった。サンフランシスコが母娘の運命を決めた。しかし、こういう状態での旅行というのは、なんと心の弾まないものだろうか。思い出話は、辛くて悲しいことばかり。

「海水浴に行った時、パパ、駅で機嫌を悪くして、荷物やママと私を残して自分一人で帰ってしまったこともあったね。私をいつも無視していて、いい思い出がないのよ」

「ママが至らないから、パパがああだったんだろうね。ごめんね……」

どうすれば夫は機嫌よくこの長女に接するか、その解はどうしても見つからなかった。私にしてみれば、私が愛する者を愛してくれない……、その恨みがいつも胸にあった。楽しいはずの母娘三〇年記念は、それぞれの辛さを噛みしめることで終わった。それでも小エビのコクテールはしっかり食べた。それだけでも行った甲斐があった。

老妻達の胸のうち

帰国して病院に行くと、夫はさして変わらぬ状態で寝ていた。その顔を見てしみじみと思った。「この人、顔が変わった。いつ変わったんだろう。こんなに優しい顔をしている人だったんだ」一週間どころか、何十年も見たことのないような表情だった。長女や私を睨みつけていた目はどこに行ったのだろう。「あんたの顔なんか見たくもない」と言われて以来、私も夫の顔を見ないようにして暮らしてきたが、今見ると意地の悪い顔でもなく、普通の人の顔なのである。優しい目で、しかもすがるようにして私を見る。

この時の感想を、シンポジウムで語った。水戸市で「第三二回、高齢社会をよくする女性の会、全国大会」が開かれて、テーマは「家族」だった。私は、夫の病気のことも絡めてこう語った。「夫は、私の顔なんて見たくもないと言っていましたが、今はすがりつくような目で私を見ています」

一五〇〇席の会場から、期せずして大爆笑が起こった。会場の多くの古女房たちの、共感の笑い。老妻の多くが抱く、ほろ苦い胸の内。

「夫というのは、社会にあっては男女平等、家庭にあっては男尊女卑」

夫の二つの意識、二つの顔の亀裂に落ち込んできた老妻達。この落差に多くの妻は耐えてきて、今感情を爆発させたのかもしれない。もちろん、そんな夫ばかりではないという事実もある。多分、そっちの方が多いだろう。とくに団塊の世代以降では。

「あんたの旦那の世代はもう化石よ。絶滅危惧種」

こう断言する友人もいる。そうであって欲しい。

人生のどん詰まりに、やってくる夫の介護。世間が求めるのは、優しく介護する老妻の健気さだ。情愛に満ちた気高い微笑み。老妻は過去の感情などを、表に出してはならない。私も献身的な愛を夫に捧げる、心の広い妻でありたい。社会のタテマエに従順に。

驚きの技、バイパス手術

右脚の静脈を左脚の動脈に

血管のバイパス手術について、真壁先生から説明があったのは、入院して二カ月ほどした頃だった。夫と二女と私の三人で話を聞いた。夫はこの数カ月の激しい痛みで、すっかり憔悴していた。車椅子でカンファレンス・ルームに運ばれていく背中には、敗残の企業戦士のよれよれの轍旗が貼りついているようで、この人も「二四時間戦えますか」の時代の、犠牲者だと哀れだった。

真壁先生は、これまで何回か話してきた経過を再度説明した後、本題に入った。要約すると次のようなものだった。

バイパス手術を勧める。右脚の二本の静脈のうちの一本をとって、左足の壊滅状態である動脈として付け替える。この手術によって、かかとまでの血流が回復すれば、足先だけの切断で済む。昔は膝上あたりで手術していた人でも、最小限の損失で済むようになった。

右脚の静脈を、左足の動脈に付け替える？　これはごく普通の手術らしいが、初めて聞く私は、そんな大それたこと、神の領域ではないかと驚いた！　しかし、血流は足先にまでは届かない、壊死した部分は元に戻らない、やはり、どうしても足先の切断は免れない……。

真壁先生の説明は続く。柔らかな声と丁寧な言葉。

「踵が残れば、日常生活が良くなります。杖をついて歩けるようになるし、車椅子での移動もしやすくなります。ただ、高齢ですから、リハビリの効果は期待できないかもしれません」

この手術には一〇時間から一二時間はかかる。大手術なのだ。

静脈が一本になってしまう右脚の方は、どうなるのだろう。

「本来二本あるべきものが一本になってしまうのですから、用心は必要です。でも、一本でも心臓に血液を送り返すことはできます。じつは、右脚の状態も良くないのですが、今は左脚を救うことを第一に考えています。これが最善だと考えています」

その一方では、現状では最善であっても、必ずしもこの通りにはいかない可能性もあるという、反対説明が続いた。

「バイパスも心臓の近くであれば、血流が期待できますが、太腿から足首となれば長い血管ですから、どこまで血流が戻るか分かりません。もし血流が悪ければ、切断は膝上になります。ですから、切断箇所をどこかにするかは、バイパス手術の結果次第で、今のところはどこからということは、正確にはいえないんです」

身体の状態からすればリスクが高いこと、命に関わる危険性もあるという説明もあった。良い結果も悪い結果も、予測を知っておいて欲しい。家族も本人も、うなずく以外にないことだった。

「そのバイパスの手術は、いつ頃になるのでしょうか」

「心臓の様子を見ながらですが、七月二九日になると思います」

それから一〇日ほどして、その日が決定となったと伝えられた。

「慎重にやりますが、血管の手術ですから身体に負担がかかります。心臓が急停止し、多臓器不全の可能性もあります」

夫は、手術については、恐怖も希望も語らず、特別の言葉はなかった。相変わらず淡々と沈黙して事態を受け止めているようだ。激痛から解放されることだけを、願っていたのかもしれない。

その日は、朝から暑かった。朝七時半に病室に着くと、とくに脅えたり、緊張した様子もなく、平静な顔をしていた。

「眠れた?」

ううんと首を振る。

「痛みで?」

うんとうなずく。八時五分前、ストレッチャーに乗せられて病室を出て、エレベータに向かった。こんな時、どんな言葉をかけたらいいのか、「頑張って」という言葉は「良くない」、「これ以上どう頑張ればいいのか」と批判されると聞いていたが、やはり「頑張って」以外の言葉は見つからなかった。星飛馬の父、一徹さん式しごきが好きだったじゃないの、何事も根性第一主義、ここは乾坤一擲、根性で頑張れ。中央手術室の前で、言った。

「頑張ってね」

夫は小さくうなずいて、ドアの向こうに消えていった。

じつはその日の朝方、私は前夜食べたものを全部吐いた。私としては手術に対して、それほど不安も緊張も抱いていないつもりだったので、ほんとうに驚いた。何かあると嘔吐する人がいるようだが、私は飲みすぎでもしない限り、吐くようなことはなかった。

どうしてこんなことが起こるのか。後に友人に言ったものだった。

「たいして愛してもいないのに、夜中に吐いたりするのよ。これが、愛している夫だったら、どうなることかしらん」

術後はまた個室になるが、その頃は六人部屋(室料なし)に入れられていた。大部屋は情報の宝庫だった。個室は気楽ではあるが、長くいると、表情がなくなるように思えた。その六人部屋は、足の手術をした人が多いように見受けられた。皆さん初老期から老年期の男性ばかりで、仕事一筋に生きてきて、さまざまな理由でここに集まっている。看護師が現れたので、聞いてみた。

「こういう手術はよくあるんですか」

「そう。珍しくありませんよ。週一回か二回はありますよ」

男性ばかりではなく、女性にも少なくないという。作家の小池真理子さんの母堂がかなり高齢で、閉塞性動脈硬化症で手術したという話を新聞で読んだし、わが家に時々手伝いに来てくれる人も、特養ホームにいる九二歳の母が、同じ病気で近々切断するという。

私が知らなかっただけで、こういう病気は珍しくないのだった。日頃の無知を、嘆いても、嘆いても、嘆き足りない思いだった。

やりたいことは全部やった

その日は、嘔吐のせいか身体がだるくて、看護師に自宅待機していていいかと頼んでみた。

「ここからどのくらい離れていますか」

「車で、家のドアからここまで三〇分です」

「夜八時には、ここに戻ってこられますか」

「大丈夫です」

家に帰ると、ソファに倒れ込んで眠ってしまった。

夜、主治医の真壁先生に会えたのは、九時過ぎだった。中央手術室に入ってから十三時間が経っていた。中央手術室の横の面談室で待っていると、真壁先生が手術着に帽子、緊張の糸を全身に巻きつけて頬を紅潮させ、まさに医療戦士というような雰囲気で現れた。

「やりたいことは、全部やりました」

少し甲高い声で、早口に言った。

「ステントも追加しました。でも、課題はたくさんあります。これでどこまで血流が回復するか、開存率は悪いかもしれませんが、手術そのものは成功です。しかし、麻酔の切れが遅い。今、人工呼吸器をつけていて、これから少しずつ麻酔をさまします」

その後、ＩＣＵに入れてもらった。

「奥さんが来ましたよ」

看護師が言ってくれたが、よく理解できないようだった。

「よく頑張ったね。手術、うまくいったって。成功よ」

焦点の定まっていない目に向かって言った。それで十分だった。

ＩＣＵを出ると夜一一時を過ぎていた。信号が次々に青に変わる道を運転しながら、杖を突いてでも自分の足で歩け、在宅で生活できるようになればと、希望の灯に一歩近付いた思いだった。

滅ぼすべき罪は我にあり

「みんな」とひとくくりに

手術の翌日には、ＩＣＵを出されて、血管外科病棟の個室に移されていた。身体に管が八本もついていて、その上心臓のモニターもついていた。まさにスパゲティ人間だった。熱が三八度三分もあり、顔全体がむくんでいたが、意識は完全に戻っていた。

「傷、痛い？」

いいや、と首を振る。

「昨夜、ＩＣＵに行ったんだけど、覚えている？」

また、いいやと首を振って、呟くように言った。

「みんなに迷惑かけたなあ」

夫はよく言っていたものだった。「誰の世話にもならん」、「子どもらの世話にもならん」と。そのことは、「将来誰の世話にもならん代わりに、今、誰の世話もしない」という趣旨のものだった。病気知らずの健康過信が言わせていたことだった。

それにしても「みんな」って誰のこと？　友人の作家高見澤たか子さんは、夫がパーキンソン病を発症した時、こう言われたという。

「ごめんね、ぼくが病気になって」

彼女は介護記を出版した時、この言葉を本のタイトルにした（春秋社）。多分、そのひとことが、一四年に及ぶ介護を支えたのだろうと思う。

私を、「みんな」とひとくくりにしないで！　ひどく気落ちする。夫は私の帰り際に必ず「ありがとう」と言う。これは夫の常套句で、すべてのことをこの一言で済ませる。この「ありがとう」は「運転気をつけて」とほぼ同義語で、誰に対しても言う言葉だ。なぜ「みんな」などと言うのだろう。「あんた」と言われたら、私もあれこれのことは忘れて、奮い立つだろうに。

出てくるのは、過去の葛藤ばかりだ。どうして、昔のことは一切捨てて、この人を背負おうと、健気な気持ちになれないのだろう。

後に夫の友人から、「奥さんに感謝していたよ。いくら感謝してもしたりないって言っていたよ」と聞かされたが、どうして直接私に言わないの？　これも他人様向け自己アピールだと、素直になれないのだった。

贖罪の思いが介護のエネルギーに

しかし、そんな時いつも思い出す言葉があった。

「女房の介護ね、これは私の、罪滅ぼしですよ」

この言葉を言ったのは、妻の介護を一五年もしているという、八〇代後半の男性だった。妻は完全な寝たきり状態で、居間のベッドに仰向けになって昏睡していた。夫は毎日食べさせたものと、股の間に挟んだ尿瓶で一日の尿の量を記録していた。一日も欠かさずに。

「よく頑張りますね」

思わず出た感嘆の言葉に、彼はこう答えたのだった。

「いや、これは罪滅ぼしですよ。わし、若い頃から勝手して、この人に迷惑をかけてきたから」

——罪滅ぼし——

この言葉が深く胸に残った。

その時は、「滅ぼすべき罪があって、介護する夫がいいか」、「滅ぼすべき罪もない代わりに、介護しない夫がいいのか」なんぞと思ったりもしたが、今私も、この状態になって思い返してみれば、これは介護する立場になった人が多く抱く、自罰の思いなのだと知った。その心が、介護のエネルギーを呼び出し、支えていくのだと。

「私にも、滅ぼすべき罪が山とある」「この人の心を傷つけるようなことをたくさんしてきたし、裏切ってもきた」「悪いのはこの人だけではない」と謝罪する気持ちが、自分を支える。あの時、この時、思い出すことさえ忌まわしいような恥ずかしいことの数々。思い込みが激しくて自分勝手な私。夫の介護は神様がくれた贖罪の時。清算の時。そこを私もエネルギー源にして、心を引き締めよう。

ある知人は、夫が脳血管系の病気で倒れた時、「自業自得」だと二〇回は言ったという。「耳引っ張って言ってやったわ」とも。入院した頃私も二回ほど言った。しかし、それを言ってみたところで現実は何も変わらないし、本人も自責の念に苦しんでいるだろうと思うと、それ以上は言えなかった。ある時友人とお喋りしていて、夫の病気の話になった時に、彼女は言ったものだ。

「沖藤さんて、自分には甘いくせに、人には厳しいからねえ」

「あらそう。でもあなたの次くらいよ」

そこで大笑いになって、ジャブの応酬は、「人はみんな多かれ少なかれ、そうなのよね」というところに落ち着いたのだが、これは私の他罰的な傾向を見事に指摘してくれたものだった。若い頃同人雑誌をやっていて、仲間から「典ちゃんの書くものは自愛意識が強い」と批判されたが、それは今この年になっても続いているのだ。結局私は、母の違う姉はいたにしろ、一人娘として我儘に育てられた自愛主義者なのである。愚かで頑固でもある。

過去は変えられないのだから、過去の「解釈」を変えればいいのに、それができないままに今日に至ってしまった。まさに、「自分には甘く、人には厳しい」のだ。だから、「滅ぼすべき罪は、我にこそあり」と深く思うのだが……。

介護感情が苦しい

介護問題に長いこと関わってきて、介護には三つの側面があると思ってきた。

・介護政策　　　　介護保険やその周辺の政策的なこと
・介護サービス　　さまざまな介護サービスの事業所や働く人の問題
・介護感情　　　　過去の人間関係や生活上の葛藤

介護が始まった時、介護者はまず過去の恨みや怒りを思い出す。とくに最初の一年が辛いという。しかし、その感情は期間の長短はあれ、介護していくうちに薄められ、やがて昔のことは忘れて、この事態を受容し、覚悟もできてくるという。夫婦間の介護記録などでは、愛し合っている夫婦の献身の物語が多くて、自分のあまりの未熟さに、気持ちが萎えてしまうが、記憶が清められているのだろう。

「とにかく、感情を整理することが大事だ」と、私は思った。それには、過去を吐き出そう。あれこれ胸に積もっているものを一度全部整理して、書き出してみよう。

米国にいる長女への手紙という形で、内心では読んで欲しいと思いつつ書き始めた。それは、数カ月かかり、四〇〇字換算で七〇枚を超えるものになった。娘に読んでみるかい？とメールしたのだが、返事はなく、そのまま仏壇の横に置いておくことになったのだが、これを書いたことで、私の胸の内はかなり整理された。

しかしながら、罪滅ぼしへの道は、まだまだ遥か遠く、私の葛藤は鎮まらないのだった。

娘からの厳しい抗議

楽しみにしていたお食事会

七月から八月にかけては、私と二女の誕生日が続く。この二つを合わせて、誕生会をしようと話し合っていた。彼女とその夫、孫二人、それに私を加えて五人でデパートに行ってプレゼントを選び、その後おいしいものを食べる。

私は女子寮から結婚生活に入ったので、一人暮らしの経験がない。夫の長期の不在は、最初は気楽だなあと思ったが、しかしどこかで淋しがっていた。二階にある夫の部屋のドアが開いたかと思う音、階段をミシミシ下りてくるような音に、何度も飛び上がる思いがした。どうしてこういう空耳が起こるのだろう。

私達は、会話のある夫婦ではなかった。夫の好きなスポーツの話は、私には興味なく、私の好きな話には夫は興味がない。夫は、「事柄」を話すのが好きで、私は「感情」を話すのが好きだった。言葉のキャッチボールがなかった。

唯一の話題は、政治の話。正確には政治家の悪口だった。だから信頼できる政治家のいないこの国の現状は、じつに格好な話題源であり、政治家がヘマをすればするほど夫婦の会話は盛り上がった。しかし、保守系大好き夫と、跳ね上がり中途半端革新の私とでは、同じ悪口でも、それが口論の種になったりした。その会話も夕飯の時だけだったが、それでも会話があるのはありがたかった。

その日私は、久しぶりにお喋りしながら食事ができると、朝から楽しみにしていた。ちょうど、夏の甲子園の決勝戦の日だった。看護師の中でそれぞれの出身地ごとに、応援も対立しているという楽しい話題もあった。夫はその話が好きで、何度も語る。あの看護師さんとあの看護師さん。娘達との面会の時もその話が出た。私は会話には加わらず、側で週刊誌を読んでいた。後で思うと、娘にはこの態度もまた気に入らなかったのかもしれない。

明るい目標が欲しい……

八月に入って以来、私は体調を崩していた。夏の風邪が長引き、ウイルス性胃腸炎という不愉快な状態が続いていた。喉の痛みも治らなかった。あげくに、八月に入ったある朝、どかんと血尿が出た。驚き慌てて、慢性膀胱炎でかかっている医師のもとに飛んでいった。結果は、一時的なストレスでしょう、薬を飲んで様子を見ましょうということだった。幸い、診断は正しくて、すぐ治まった。それにしてもなぜ、予想もしない異変が私の身体に起こるのだろう。嘔吐、血尿、足の裏のこと。夫の入院とか手術によって、身体や心の深いところで、打撃を受けているのだろうか。

暑い盛り、ウツウツして街を歩いていると、ふと旅行社のチラシが目にとまった。中に入ってみると、近くの私鉄の駅から車椅子で乗れる、バスツアーのチラシがあった。まぶしい陽光の中で車椅子が二〇台くらい半円形に並び、それに乗っている人も、後ろに立っている人も、みんな嬉しそうに笑っていた。笑い声が聞こえてきそうだった。私は、そのチラシを夫のところに持っていった。

「ね、こういう旅行プランもあるのね。楽しそうでしょ。元気になったら、こういうツアーに参加してみない？」

私にすれば、それが闘病の励みにもなるだろうと思った。そういう日の来るのを楽しみにしようと。それはまた、当分は旅行なんて諦めなければならない私にも、楽しみなものだった。かの高見澤さんは、車椅子の夫をニューヨークまで連れていっている。やがては……、と思った私は、なんという単細胞、またしても懲りない古女房だった。夫は顔を歪めて、腹立たしげに言った。

「バスは事故を起こすからいやだ」

「高速道路でのバス事故のこと？　でもこれは、近くなのよ。その辺の観光地に行くのよ」

いやならいやでいいけど、どうしてこの人は、気持ちだけでも受け入れることをしないのだろう。あんなに嫌な顔して、にべもなく。

その時の私の頭には、最近八三歳と、八四歳で亡くなった知人のことがあった。私もあと一〇年か……と。だから、楽しみごとを用意しておきたかったのだ。後で、友人は「そんな車椅子の旅行なんて、したくないのが普通よ」と言ったけど、そうかなあ。温泉に行って喜んだという人の話も聞いているのだけど。

その頃、亡くなった劇作家田中澄江さんの『夫の始末』(講談社)を再読していた。彼女、八五歳での介護。強く思う。「あの山に登りたい。この山にも行きたい」と。登山家でもあった彼女は、いつにも増して山に行きたいと思い、行けない現状に葛藤する。

私も同じだった。介護は長くなるのではないかと、思えば思うほど、何か明るくて元気の出るような行事を予定したかった。嘔吐や血尿の後であれば、私だっていつ何が起こるか分からない。

「そうだなあ。いつか、元気なったら、行こうね」

夫からはこんな言葉、励みになる言葉が欲しかった。

思いがけない怒声と攻撃

私達五人は夫の見舞いを終えて、車で家に向かった。いったん車をわが家に置いて、ショッピングと夕飯に出かける予定だった。娘の夫が運転し、私は助手席に、娘と二人の孫は後部座席に座った。車の中で、私は思わず言ってしまった。

「まったくねえ。パパったら、旅行もしたくないって言うのよ。ママだって、あと生きて一〇年かもしれないのにさあ」

それを言った途端に、後ろから怒鳴り声が飛んできた。

「聞きたくない」

えっと驚いて振り向くと、娘が睨みつけていた。

「子どもの時から愚痴ばっかり聞かされて。もううんざりだ！」

激しい語調で、涙声だった。初めて聞く、娘の怒声だった。

それからの娘は、怒りを溜めてあったダムが決壊でもしたかのようだった。

その日の楽しみは、すべてご破算になった。

改めて、私は、母娘の関係について多くの本が出版されていることを知った。どれほどたくさんの娘達が母親に苦しめられているか、ということも知った。よく見れば、女性雑誌もその話題が満載なのである。今や、重たい母親、鬼母、魂の支配者、娘を苦しめる母親は文学のテーマにもなっていて、多くの読者がいるという。読んだ本の中には、母親とは犯罪者だと言っているとしか思えないようなものもあった。

しかし、母親が原因の背後には、父親がいるのだ。父親は永遠に免罪される存在なのだろうか。

今のこの長命化の時代、親子の関係は長くなった。六〇年、七〇年の母娘関係も珍しくないだろう。子どもは成人して、しっかりと親を評価するようになる。「親は子どもから評価され、裁かれる時代」ともいう。過去の実績、「あなたを守ってきたじゃない。父親からかばってきたじゃない」、「働いて送金し続けたじゃない」、「何かにつけて援助してきたじゃない」、などなどは全部忘れる必要があるのだ。老いた母親は無神経で、反省がなく、恩を売り、愚痴の悪臭を撒き散らすおぞましい存在、そういう自覚が必要なのだ。「誰のおかげで」なんてことは、口が裂けても言ってはならない。私は、周囲の親しい二人に聞いてみた。

「お嬢さんとうまくいっている？」

「娘のところに行ってもいつ怒鳴られるか、びくびくしてすぐ帰ってくるわよ。その点お嫁さんの方が優しいの」

「すぐ近くに私がいるのに、孫に会わせてくれない。何か困りごとがあると、大阪にいる亭主の母親に頼むのよ。無視されている」

実の母親というのは、成人した娘が恐ろしくておろおろし、あげくに無視される。

家族とは、細長い壁の上を歩いているようなものだと聞いたことがある。何かあった時に、結束する側に行く家族と崩壊する側に行く家族とがある。私は結束する家族だと思っていたが、その自信はあっという間に崩れた。これもまた、〝まさかの坂〟だった。過去の努力のすべてがむなしく思えて、気力が失せた。とくに朝が辛かった。かかりつけの精神科医に頼んで、抗ウツ剤を処方してもらった。

私の〝滅ぼすべき罪〟は、夫に対してだけではなく、二女に対しても膨大なものがあると自覚させられた。私に今できることはただ一つ、一番原始的な治療法「時間薬」の効き目を待つだけである。

第5章　回復への険しい道のり

ついに切断手術

退院したら何食べたい？

血管を付け替えるバイパス手術は成功し、血流は回復してきたという。だが痛みは治まらず、麻酔剤を必要とする毎日が続いた。

これからは治療の最終目的、壊死した部分の切断手術が控えている。その日に備えて、体力、気力をつける時期だ。気を紛らわそうと、話しかけた。

「退院したら、何が食べたい？」

「そうだなあ。肉だなあ。うまい肉が食いたい」

少し意外だった。普段は肉よりも魚が好きなので、寿司か刺身と思っていた。「糖尿さえなければ、上等のお寿司でも買ってきて食べさせるのにねえ」と看護師に話したこともあった。

「蕎麦もいいなあ。二八蕎麦。家にあったよね。袋戸棚に置いてあるよね。背伸びして取り出している夢を見ることもあるんだよ」

幸いなことに、「家に帰りたい」と言って、私を困らせることはなかった。帰れないことを知っていた。この時点では、退院などはまだ先の話で、三カ月を過ぎても入院させてくれている現状を感謝すべき状況だった。食べたい物でも空想して、元気を出してもらうしかない。

「家に帰ったら、週二、三回、介護保険を使ってデイサービスかデイケアに行こうね。お友達もできるかもしれないし」と言ったこともある。励ますつもりだったが、夫は顔をしかめて言った。

「チイチイパッパ歌わせるんだろう?」

だから、じい様は困り者なのだ。どうして童謡にそんな言い方するのよ。じゃあ、カンツォーネでも歌えるっていうの?

「童謡を歌うのはすごく脳にいいのよ。気持ちも温まるし。認知症の人って最近のことは忘れていくけど、子どもの頃に覚えた歌なんかは忘れないって。童謡は脳のリハビリなんだから」

切断手術の不安を紛らわせる話題は、なかなかうまく噛みあわない。旅行の話はコリゴリだし。食べ物の話が一番いいのだった。

踵は残す方針!

チイチイパッパはいやだといいながら、今の自分の状況はよく分かっていないようでもある。看護師と次の手術について立ち話をしていた時に、言ったのである。

「手術って、今度はどこすするの?」

娘と三人で真壁先生から切断の話を聞いていたのに、次々にいろいろな処置があって、記憶があやふやになっているようだった。幻視が出たのもこの頃だった。個室の壁を指差して言った。

「あれ、あんなに人が歩いているよ。みんなきれいな服着ているよ。ママには見えないの？変だなあ」

幻視は花のこともあり、会社の人達とのパーティであったりした。

「この病院に会社の研究所があって、みんな来ていた。○○も来ていたよ。ママもワイン飲んでいたよ」

精神状態は落ち着いているように見えたが、頭の中の回路がうまく繋がっていないようだ。足の切断。酒を飲んだのは俺だけではないのに、なぜ俺が？という気持ちもあるだろう。だから美しいものや楽しい場面が見える世界に、逃避しているのだろうか。

脚の切断手術。辛い思い出がある。

中学二年生の時、姉の左脚の膝上からの切断に立ち会ったのだ。あの時の姉の苦しみ。痛さと熱さと、なくなった脚があるかのような痛み(幻視痛)。当時の病院は、家族が泊まりこんでの自炊だったが、それは私の役目だった。私は病室から中学校に通った。

脚の切断は、家族の運命の象徴でもあった。父は結核療養所におり、母は毎日働きに出て脳梗塞で倒れた。高校時代、一家四人中三人が病人で、元気だったのは私だけだった。人生の始まりと終わりに、二度も脚の切断に立ち会うなんて。神様、私は強くない人間なんです、どうかお願いですから、もうこれ以上の辛さは……。だからどうぞ夫を助けてください……。

その後真壁先生が、夫の前で再び手術について説明し、踵を残す方針だと再確認した。踵が残れば歩行もしやすく、病後生活に大きなメリットがあると。血流の回復がまずまず良かったのだ。

この時私は、二つの質問をした。一つは、足先の形成について。知人から身体のある部分の肉片を持ってきて、足先が形成できると聞いたのである。これは、即答で「できません」と言われた。もう一つは、義足のこと。

「手術が終わったらすぐリハビリになりますので、希望があれば義足も作ることができます」

切断手術の前に、執刀医である形成外科の若い女性医師守田先生と、多分サポート医と思われる中年の青山先生との説明を受け、〝説明と同意書〟、「下肢切断・断端形成術」にサインした。他に、麻酔科の〝輸血に関する説明書〟をもらって、〝輸血同意書〟にもサインした。説明はこれまでの真壁先生の話とほぼ同様だったが、こんな言葉が印象に残った。

「足の感覚が違ってきます。足裏全体で身体を支えていたのが、踵だけで支えるので、あっち痛い、こっち痛いが出てきます。身体に慣れるまで、身体も心もストレスを抱えます」

手術の前日、夫はトイレで失神した。排便後ナースコールしたが、何も覚えていないと言う。おそらく、依然続いていた痛みと手術への不安が、心身にいろんな打撃を与えていたのだろう。真壁先生が階段をすっ飛ばして駆けつけてくれて、手術は予定通りという判断が出た。八〇歳を目前にしての思わぬ蹉跌、可哀相だとしみじみ思った。

夜、看護師から電話がきた。切断した足の処理だった。

「本人はなんと言っていますか」

「病院で処分して欲しいと」

「じゃあ、そのようにお願いします」

入院三カ月余、ついに切断

切断手術は、バイパス手術から一カ月後の九月五日だった。昼の一二時半にストレッチャーが部屋を出た。これからは形成外科のベッドに移るというので、荷物をまとめて、指定された部屋のロッカーに整理して待っていた。思いがけなく入院して三カ月余、ずいぶんいろいろな手術や処置が行われた。日々が急回転するめまぐるしさだったが、すべてはこの切断手術のためだった。入院の時には予想もしないことだった。最小の手術範囲ですむように、手術に耐えられる体力にするために、ヒポクラテスの弟子達はたくさんの努力をしてくれた。


所要時間は二時間程度だと聞いていたが、夕方になっても戻らない。青田先生がやってきて、手術の経過や麻酔の状態について説明した後、リハビリと義足のことも、再度言ってくれた。

「呼吸が改善しないので、今夜一晩ＩＣＵに入ります」


私がＩＣＵに入れてもらえたのは、六時頃だったが、今度は意識もしっかりしているようだった。青田先生が、リハビリと義足のことを話していたよと言うと、嬉しそうにうなずいた。

希望は、まず義足なのか……、ただ私は、希望として掲げておくのはいいとしても、義足がほんとうに使いこなせるのか、不安でもある。夫が義足に執着するのには、お見舞いに来てくれたお友達の、こんな言葉も影響しているかもしれない。

「義足でゴルフやっている人もいますよ。もう一度、あの華麗なスイングを見せてください」

当座の励ましとしてはありがたいが、年齢や内臓疾患の多さを思うと過大な希望は……、と内心で思った。ゴルフは最大の理想だが、まずは義足に慣れて歩けるようになることなのだ。夫の身体はその苦しいリハビリに耐えられるだろうか。かつて「パパの毛蟹のアシ」と、からかった太腿は、往時の半分しかないほどに痩せている。でも、ゴルフはできなくても、ゴルフ場には連れて行ってやりたい。空気を吸うだけでもいいではないの。そこでまた仏頂面されるかもしれないのに、懲りない女房というのはどこまでも懲りないのである。そして実際私は、福島の友人達と、「沖藤さんの亭主を温泉とゴルフ場に連れて行く計画」を話し合っていた。

夫と似たような年齢で、ほぼ同じところから切断した方がいたので、聞いてみたところ、「僕は、義足は要りません」ときっぱりと言った。どちらがいいのか、私には分からない。

はかばかしくない回復

痛みが消えた?!

切断手術後は、あの激しい痛みがなくなった。すっかり楽になったようで、表情も和んだものになった。手術後の痛みが、じつにうまくコントロールされている。

「痛みは?」

「少しヒリヒリするくらいだ」

「手術後は熱いっていうけど、熱さは感じない?」

「感じない」

姉の手術の時は、熱い熱いと喘ぎ、無くなったはずの脚がかゆい、痛いと苦しんだ。あれから六〇年余、切断手術の技術は格段に進んだのだった。思えば、昔の病人は可哀相だった。

「じゃあ、あのひどい痛みはなくなったのね」

うん、とうなずく。前にも書いたが、夫は、入院以来、自分の病気については一切語らなかった。過去の生活の後悔も未来への不安も、切断手術についても語らなかった。時代の申し子のように生きて、結婚の時の約束なんて、あっという間に忘れ、性別役割分業にどっぷり浸った男尊女卑。そういう生き方をよしとして、この現実もまた受け入れているのだろうか。

夫の最大の関心事は、ウンチだった。私の顔を見るなり、いつもその話。出た、出ない、便秘だ、下痢だと、飽きることなく喋る。

紙おむつ排便事件は前に書いたが、他にも看護師の中には、トイレに連れて行ったり、座位をとらせることでの失神を恐れるのか、ウンチの要望を聞き捨てにしてしまう人もいるようだ。ある日、私の顔を見るなり、「腹が立つ。トイレに連れて行かない」と言った。

「看護師さんにも事情があったんじゃないの?」

私がやろうかと思っていた矢先、別の看護師が現れた。排便のことを言うとすぐステンレス便器を持ってきて、座らせてくれた。ものすごい量の排便だった。辛くて、腹も立っただろう。

「臭いのに、すみませんね。悪かったですね」

嫌な顔一つ見せず、この看護師さんは訓練されている。仕事人として働いていてくれれば、家族も患者も苦情を言うことは何もない。

生活習慣病は、人生破壊病

執刀医の守田先生と青山先生から術後の説明があった。要点は、

「術後四日めにしては、症状が悪い。採血とCTスキャンの結果では、全身的な炎症があり、しかもその数値が高い。炎症反応が起きると、いろんなことが起こり、命に関わることもある。手術部分に触ってみると、痛みが強い。腎臓も悪いし、貧血もある」

この時の衝撃は、「糖尿が長いこと放置されていたのではないでしょうか」という言葉だった。

二年前に、糖尿を指摘されて以来、通院して服薬し、食生活を野菜中心に変えたが、「長い期間放置されていた糖尿」があったとは知らなかった。会社の健診の結果では、数値は出なかったのだろうか。夫の糖尿は妻のせいとする目を、過剰なまでに意識してしまう。

でもその一方ではいつものように、「私が作った夕飯を食べて、――時にはベッドにいる生活していれば……」という、口惜しさが込みあげる。人様から「糖尿は？」と聞かれると辛い。

この後、夫は言ったのである。

「子会社の社長の時に、血糖値が高いと言われたことがあった」

「どうしてそれを言わなかったのよ。お医者さん、精密検査しなさいって言わなかったの？　どうせたいしたことないとタカをくくっていたんでしょ」

あいまいに「うん」と言う。

脚を切断する人には、糖尿病が原因の人もいると聞くが、夫の閉塞性動脈硬化症だって、糖尿は要因の一つなのだ。しみじみ、〝生活習慣病〟というのは、〝人生破壊病〟だと思った。家庭の経済を破壊し、国の医療費も破壊し、何よりも本人の人生を破壊する。その危機感のないままに、健康を過信し、妻の忠告を無視して酒を飲み、タバコを吸った。

〝長い期間の糖尿〟のことは、転院した病院の内科医から、こう言われた時は心底ほっとした。

「そんな自罰意識を持つ必要はないですよ。こういう糖尿は、相当糖尿の研究をしている人でないと発見できないこともあるんです。それに他の臓器が元気でしたから、身体の中でやりくりしてしまって、症状が出なかったんでしょう」

〝隠れ糖尿〟とか〝境界型糖尿〟というのがあると聞いたことがあるが、これもその一つらしい。

最後の山を越えたか？

手術後の状態が悪くて、回復がはかばかしくない。術後すぐ行うとされていたリハビリも、傷が塞がらない、痛みが安定しない、嘔吐、せん妄があるという状態でストップになったままだ。義足のことも延期になった。

「回復といっても、コンスタントに進むものでないんだね」と、長女がメールを送ってくれた。術後五週間ほどした朝、夫七九歳の誕生日、またしても状態が悪くなった。その時私は、地方で頼まれた講演があって、不在だった。日曜日だというのに、真壁先生がまたまたすっ飛んできてくれた。二女のところに連絡が行った。厳しい内容だったという。娘の詳細なメモによれば、「これまでは、なんらかの処置をして回復させるということを繰り返してきましたが、これからはそれも難しくなるでしょう。回復を見込める処置であればこれからも続けていきますが、いわゆる延命としか考えられない処置に関しては、今後慎重に判断して、あきらめることも必要だと考えています」

夫は終末期の医療についての希望を書いていなかった。私は夫の病気の数年前に、箕岡真子『私の四つのお願い――医療のための事前指示書』（ワールドプランニング）を二冊買い、一冊を夫にもすすめたが、まったく無関心だった。「何もしなくていいからな」と言ったことはあるが、それは十分に考えた結果というよりも、考えることを避けた結果の発言と思えた。ならば、いざという時は、娘達にも相談はするけれど、私が決めさせてもらおう。

医療の事前指示書や、エンディングノートなどは、いろいろのタイプのものがあり、『私の生き方連絡ノート』（自分らしい「生き」「死に」を考える会（渡辺敏恵代表）編、ＥＤＩＴＥＸ）もよく利用されている。その後私は、真壁先生に言った。

「心肺蘇生は希望しません」

ありがたいことに、夫は持ち直した。リハビリはできないけれど、食事もおかゆ食が出るようになり、食べれば出るという具合で、またウンチに苦しみつつも、少しずつ顔色もよくなり、元気が出てきた。入院以来たくさんの山があったけれど、これが最後の山だった。その後六人部屋に移された。お向かいのベッドの方は、前とは違ったが、また言われてしまった。

「ものすごいいびきだったよ」。それはそれはと謝りながらも、よく寝ていると嬉しかった。

拘束の厳しい概念

形成外科のベッドに移って数日した頃、看護師から署名してくださいと書類を渡された。説明・同意書「安全確保のための身体抑制に関わる説明」。危険を防止するため、やむを得ず必要最小限の身体抑制を行うことがあるとして、その拘束用具は、次のようなものだった。

「①手袋、②シーネ、③抑制帯、④四点ベッド柵、⑤車椅子用安全ベルト、⑥センサークリップ、⑦センサーマット、⑧監視カメラ」

シーネというのは、急性期の患部を固定するものだという。〝四点ベッド柵〟のところに○がついている。ベッドを見たが、これまで血管外科で使っていたのと同じだった。

「この柵も身体拘束なんですか。四点って、どういうことですか」

看護師は、これとこれ、高さ二〇センチ程度のベッド柵が、左右に二つずつついているからと教えてくれた。ベッドから抜け出したり、落ちたりを防止するものだが、その反面、このベッド柵を越えようとして、落ちて怪我をする人もいるという。守るはずのものが、危険物となる。ベット柵では、後に私も後悔することになった。柵の一部に小さなドアのようなものがあり、そのロックをはずせば開けられるタイプのものがある。これは拘束にならないという。転院後の病院で使っていたのが、これだった。

拘束とか身体抑制とは、ベッドに縛り付けたり、手足を縛ったりすることだけでなく、その定義がじつに厳密で、細かな内容のものである。たとえば、部屋に鍵をかけるとか、おむつへの排泄の強要ということも、身体抑制、拘束、人格権の侵害なのである。

介護保険では、拘束は禁止だが、最近では医療施設でも拘束を禁止しているところが多くなった。医療の名を借りた安易な拘束への批判も強くなった。この病棟では、上記の八点を身体抑制として、しかもそれを、家族の許可のもとで行う方針だった。そういえば、血管外科の病棟で、看護師から「昨夜、管を引き抜いたんで、ミトン(手袋)をさせてもらいました」と挨拶を受けたことがあった。良心的な対応をされると、家族も納得する。安全が大切なのだと。

安全重視と人手不足、何が身体拘束か、今後ますます重要になる問題だと思った。

老妻介護は何が辛いのか

老いたる妻はサイレントマジョリティ

今の時代、介護者は、多様化した。在宅介護では、かつての「嫁」中心から、「子」の介護が多くなった。その「子」の中には、中年期の男性も多く含まれており、職業継続や遠距離介護などに悩みを抱えている。老いたる「夫」の介護も増え、男性介護者が在宅介護者の三割強（ほぼ三人に一人）、一〇〇万人を超えたと言われている。介護にまつわる課題は、ますます困難を増している。

老老介護が増える中、圧倒的に多いのは、老いたる妻による夫の介護である。私の周囲にも、夫の介護中という妻が多く、しかも、娘や息子の妻からの援助を受けられない例も多い。老いた妻がただ一人で、人生最後の時期に老いた夫の介護をしている。私のように「老妻おひとり介護」である。

彼女達は、発言しない、発言する体力も気力もない、方法も知らない。日々黙々と介護をする無告の民。サイレントマジョリティなのだ。愚痴れば、「妻のくせに」と娘や嫁から叱られる。友人も分かってくれる人ばかりではない。老いたる夫の介護は称賛されるけれど、老妻の介護は当たり前、あげくに夫の病気は妻のせいとする、老妻ハラスメントにも耐えなければならない。

どれほどの老妻が、過去の感情や毎日の疲労、世間の口や目に忍耐を重ねながら、愛の二輪草とばかりに夫の介護をしていることだろう。

降り積もる疲労感

夫は模範的な病人で、ウンチと食事以外は、私にも病院関係者にも文句や愚痴を言わない。内心では先々への不安や後悔の思いもあるだろうに、そういうことも語らない。口にするのは、テレビのニュースやスポーツの話だけだ。

切断手術後は痛みもなく、状況的には希望に向かって進んでいるのに、入院が長引くにつれて、私もなんともいいようのない疲労感が深くなってきた。

三大介護という言葉がある。「食事介助、排泄介助、入浴介助」。

これまで数々の介護問題を取材してきた者として、他に精神的活発さを求める「レジャー」や「リハビリ」も大切で、それも含めて私は五大介護といっている。

私なりに定義すれば、「介護とは、日常生活の支援・人間の尊厳を守る仕事」。

介護としてなすべきことは、次の三つだ。

・身体や室内、衣服の「清潔」
・体力を守る「適切な栄養」
・心の活発や希望を促す「会話」「笑い」

これは、人の生きる基本であり、「介護の三種の神器」だと私は思っている。この定義からすれば、私なんてまったく介護していない。せいぜいが「会話」程度、一〇点満点として二点だ。大学病院では、パジャマをレンタルしなかった。バスや電車で洗濯物を持って歩くのはしんどいが、私の場合は車で三〇分。せめて洗濯ぐらいやろうと、私用を願い出た。他には医師や看護師との話し合い、不足な物品の買い足し。あとは顔を眺め、ちょっとした会話が主な仕事だった。転院後は、崖道を走るので運転が怖くて、電車とバスにした。真冬の寒さが身にしみた。面会回数も週一度か二度にしてもらい、パジャマはレンタルにした。私の健康を守ることも大切だった。

こんな程度のことで、特別の苦労はしていないのに、身体がだるく、気分が塞がり、身体に活気が出てこない。肩にどんと重いものが乗っかっているような疲労感がある。介護を「日常生活の支援、人間の尊厳を守る」ものとすれば、私もネット詐欺の時の弁護士やカード会社との折衝、医師などとの交渉、役所への何回もの申請、日々の必要品の用意、励ましなどなど病気周辺の用事すべてをやっているのだから、これを思えば介護の点数も高くなるかもしれないが、一〇年以上もの介護をしている人に申し訳ないと思う。

「通うだけなのに、疲れるなんて、意気地ない」

一番辛いのは、多くの介護者が言うように先の見えなさだ。今後、どうなるのか、一直線に回復するのか、未来への不安が心を疲れさせる。

多病ではあるけれど、癌のような深刻な病気でもないので、時間をかけて回復を目指していけばいい。それなのに、辛い。これを友人にこぼしたところ慰めてくれた。

「七〇も半ばを過ぎたら、通うだけで疲れるものなの。八〇代ならば頑張らなくても理解される。七〇代は、頑張れるようでいて頑張れない。とくに最初の一年が辛いのよ」

最初の一年が辛い、これは私も実感したが、この時期は身体の疲労と同時に、精神的な葛藤が辛かった。七〇代後半でもまだ老親の介護をしながら、夫の介護もしている老妻もいるというのに、なんという情けなさだ。二女に愚痴を言ったと叱られてもなお私の胸の中には、「人生のラストスパートの時に、足止めをくらっている」という思いが抜けない。統計データでは有意差はないものの、「介護する高齢配偶者の死亡率は、高い傾向にある」と言う医師もいる。

いざ病気になると、当然とばかりに

そんなある日、知人から電話があった。女性誌の編集長を長くやっていた人だ。じつは、私の姉もね……と言って、こんな話をしてくれた。長い付き合いだったのに、初めて聞く話だった。

「姉は長女で、家業のために養子を迎えたのよ。ところがその人は、親に愛されないで育ったようで、子どもを可愛がらないのよね。あげくに、ものすごい酒飲みでアルコール依存症だった。今は兄弟とも義絶している。姉は、忍耐の一生で、本当に可哀相」

その姉は、私と同じくらいの年齢、よく似た話で身にしみる。

「姉もね、妹の私にすら細かいことは言えなくて、一人で耐えてきたって。その旦那が大きなポリープで入院したのよ。四、五日だったんだけど。姉は言ってるわよ「病院に行くと良妻をやらなくちゃならないから、それだけで疲れる」って」

「病院では健気に振る舞う。そのストレスで、疲れる。分かるわ」

「健康な時は好き勝手をしながら、いざ病気になると当然のように頼ってくる。それが納得できない。それも疲労を呼ぶって」

私もそう思っている。「納得できない。それにこれが反対だったら、見捨てられている」。

夫婦関係は、夫婦の数だけある。さあ、妻の出番だと頑張り、そのことに幸せを感じる人もいる。そっちの方が多いかもしれない。新聞に夫の介護を辛いと思ったことはない、排便だってなんとも思わないという意味の投書を載せた妻もいる。確かに、介護には喜びもある。相手の喜ぶ顔を見ると満たされる。辛いだけではない。

介護には幸せもあるが、辛さもある。長い人間関係、感情のもつれが介護で出てきてそれが辛い。世間的には良妻の顔をしているが、老妻の胸の内は、闇鍋のようなもので、何が入っているか自分でも分からない。過去との折り合いがうまくついて、感情の乱れが収まって闇鍋が消え、小春日和のような心地になることを願うばかりだ。

老妻介護は精神修養

昔取材した老妻介護の人で、「ひたすら精神修養です」と言った妻がいた。夫は大企業の経理部長で定年になった人。ご多分にもれずに、大酒呑み。脳血管の病気で倒れたのは、七一歳の時だった。介護者は妻のみ、まさに「老妻おひとり介護」なのである。一人娘は他県で幼子を抱えていて、アテにはできない。

退院後、彼女の夫は介護老人保健施設に入った。右半身が麻痺したことは気の毒だった。その上、若い職員に「半年でプライドを捨ててください」と言われた。それが悔しく、苦々しい日々だった。こんなことも重なってか、胸の中は怒りに満ちている。

それが、介護している妻への暴力となった。看護師などの前では、まさにエリートの顔なのだが、妻と二人になると、いい方の手で殴り、足で蹴っ飛ばし、口汚くののしる。

「文句ばかりなの。ほとほと疲れて……。私の方が倒れそう……」

このことは看護師やケアマネジャーも知っているが、在宅復帰させよという国の方針に従って、退所計画を練っている。「家に帰ったらどうしよう……」。

虐待の専門家によると、こういう妻は高齢者虐待防止法では救えないという。DV防止法(配偶者からの暴力の防止及び被害者の保護に関する法律)で対応する。暴力は〝引き離し〟が一番いいとされるが、もし引き離したら、この夫は一人では生活ができない。

「こうなったら、人類愛しかないかしらね。夫を有料老人ホームに入れたら、私が生きていくお金がないの。夫に言われるまま専業主婦で生きてきたから、経済力がないのよね」

老妻は力なく笑って、付け加えた。

「もし反対だったら、私の世話なんか絶対にしてくれない。妻って、割が合わないわねえ」

闘病中の夫のイライラのはけ口にされたり、怒鳴られたりする妻の話、夫に介護を期待できない妻の話は、密かにしかし結構語られている話である。私の友人も、夫が病気になって、長い介護生活だが、何か気に入らないことがあると、「このくそばばあ」とののしるという。

「去年は家を出ようかと思った」

しかし、病む人を放り出せない。ある時、「死にたい、死にたい」と言うので、つい「じゃあ、死ねば」と言ってしまった。深い自己嫌悪で、なお疲れてしまった。忍耐一筋。戦前生まれの老夫婦、しかも昭和ヒトケタ生まれの夫。介護する老いたる妻の辛さは「忍耐の美徳」「妻として当たり前」「共に暮らしてきた人への愛」として、封殺される。まこと精神修養、しかも体力と気力の勝負なのだ。

その精神修養が簡単なものではないから、老妻は苦しむ。読売新聞の人生案内には、老妻の辛い胸の内が多く語られている。「浮気した夫の介護なんて」(二〇一三年一一月二九日)、「闘病の夫が八つ当たり」(二〇一四年二月一二日)、「介護で終わる人生むなしい」(二〇一四年一月二七日)、「介護を巡り子どもたちに亀裂」(二〇一四年二月一日)。「夫が施設職員にセクハラ」(二〇一四年四月二〇日)、「がんの暴力夫　面倒見たくない」(二〇一四年六月一九日)、「亡き夫の嫌な面思い出す」(二〇一四年一月一四日)など。

夫の施設職員へのセクハラを書いた妻の一文はこうだ。

「夫は若い頃から酒好きで深夜帰宅。五〇代で脳梗塞。要介護4だが、どこでもセクハラで追い出される。今の施設でも呼び出されて注意。夫を殴りたくなる。夫が憎くて心はずたずた」

私の知人にも、夫の大酒に苦しみ、納得のいく夫婦の関係がないまま、夫を送った老妻がいる。

「家族に愛情ある思い出も残さず、お金も残さず。残ったのは辛い思い出だけ。葬式の時、一滴の涙も出なかった」

子どもとの関係も老妻を苦しめる。父親が病気した途端、寄り付かなくなった娘、相談も拒否する息子の話も少なくない。

「子どもがいないんならいないでいい。でも、すぐ近くに住みながら無関心の子どもには、胸が冷えるのよね。夫の介護よりもこっちの方が辛い。これも、私の自業自得なのかしらね……」

こう言って泣いた老妻もいる。その一方では、男女を問わずとくに社会的地位の高い方々や世の常識に従順である方々から、〝お諫め〟が語られて、これも老妻を苦しめる。

「旦那さんは苦労して働いてきたじゃないか。収入を得、家族を養い、子どもも育ててきた。飲みたくない酒を飲み、したくない接待ゴルフもしてきた。すべては家族のための忍耐。少しは感謝の気持ちはないのですか。あなたも趣味などを持って……ウンヌン」

また、幸福な妻達からも、老妻バッシングがおし寄せてくる。

「夫婦のことはどっちが悪いとはいえないのよ。あなたにもいろいろ原因があったんじゃないの。あなたが気持ちを変えなさいよ」

それは確かにその通り。かくして、悩める老妻はひたすら頭を垂れて、精神修養に励むのである。老妻ははっきり言おう。妻だからと、夫婦愛を強制しないで下さい。「老妻だって、介護は辛いのです！」と。

過去との折り合い

妻の過去への怒りを本に書いた男性がいる。朝日新聞の元記者柳博雄さん。著書『私もパーキンソン病患者です。』(三五館)によれば、定年後大学の非常勤講師をしていて、ある日突然講師控え室で、立てずに、動けなくなったという。病院から妻を同行するように言われて頼んだ。その時の妻の言葉を、こう書いている。

「あなたの言うとおりにはならない。あなたの定年まで一生懸命我慢してきたわ」「定年のあとはどうなの。「調理学校に行って調理法を覚える」「お前と一緒に外国にも旅行に行こう」「温泉をめぐる国内の旅にも連れて行くから｜」――そのどれひとつでも果たしてくれたことがあるの？」

調理学校のことはわが夫と同じで、思わず苦笑する。願望を語っただけで、定年になったらころりと忘れる。

「「男には男の事情がある」って言いくるめれば、バカな私がいつまでも笑っている、とまだ思っているんでしょう」

「お父さんの介護だって、全部私に押し付けたんじゃないの。今度は息子の番だって言うの」

その顔は、〝夜叉〟のようだったと書いている。

「私の言葉に耳を貸すこと自体、自身を許せないことだった」

地方支局の単身赴任中には、同棲していた女性がいたのだから、妻はどれほど誇りを傷つけられ、悔し涙にくれたことだろう。それなのに彼女は、翌朝には柳さんの言う〝夜叉〟の顔を引っ込めたそうだ。一晩で、彼女は過去に折り合いをつけた。彼女はどのようにして、心に決着をつけたのだろうか。妻の怒りを書いた柳さんの勇気には感謝だ。記者魂を感じる。

しかし、多くの男性に「結局妻っていうのは、夫の言う通りになるのさ」と高をくくってもらっては、苦しむ妻の涙は涸れない。


誰か、私を殺して！


過去と折り合いをつけることは、簡単なことではない。長年、家族のために電話相談をやってきた人が、こんな事例を話してくれた。

電話の妻は地方の県に住んでおり、夫はまたしても大酒のみ、妻への暴力が絶えなかった。家族旅行もしたことがない。自分の人生は何だったのかと思うと、殺して楽になりたい。

「今、コンビニの駐車場に来て電話しています。私、夫を殺しそうで、とても怖いんです」

認知症もなく要介護状態ではない。飲酒と暴力だから、どこかにお願いしたくとも、その県には行き場がないと言う。ある時は、「夫に殺される！」と、電話してきたこともあった。

「誰か、私を殺してくれないか」と、言ってきたこともあった。

彼女は住所、氏名を名乗らないまま、たびたび電話をかけてきた。四時間喋り続けたこともある。ストレス発散の旅行でもしたら？　楽しみの時間を持ったら？　というアドバイスはどれも実らなかった。

「どこに行っても、何をしても、楽しくないんです。かえって身体を疲れさせるだけです」

病人がいる生活の中で、〝気晴らし〟とか〝ストレス発散〟というのも、気持ちがそこに入っていかなくて、なかなか難しいものだと、私も実感した。口では皆様「ストレス発散させてね」と言う。しかし、介護する妻は楽しみごとなど、口にしてはいけないと肝に銘じなければならないのも現実だ。ある時地方に講演で行って、夜中の帰宅は辛いので、途中一泊する（もちろん自前）、ついでに半日観光でもと言った途端、県の講演担当の女性から厳しい質問が飛んできた。

「パジャマの着替えはどうするんですか」「食事はどうするんですか」

目下入院中だから講演にも来られたのに。

「こういう、遊ぶなんてこと、言ってはいけないのね」

心底、世間の目の厳しさに驚いた。

ところで先の女性、こんな電話が五年ほど続いたある日、最後の電話がきた。

「夫が亡くなりました。ありがとうございました」。これだけ言って、電話は切れた。

「誰か私を殺して」、なんと悲痛な言葉だろうか。全国にどれほど多くの〝彼女〟がいるだろう。

物を書く女は最低の女房

津村節子さんの「紅梅」(『文學界』二〇一一年五月号)を読むと、そこまで自分を責めなくていいのではないかと思うほど、激しい自罰意識を書いた箇所が、随所にある。この本は、夫である作家吉村昭さんの闘病を、やはり作家である妻の津村節子さんの視点から描いたものである。人々に衝撃を与えたのは、胸に埋めてあったカテーテルポートを引きむしって「もう、死ぬ」と言ったことだった。育子という作家を投影した妻はこう書いている。

「夫の強い意志を感じた。延命治療を望んでいなかった夫の、ふりしぼった力の激しさに圧倒された」

舌癌を発症して以来、五年か六年の間、妻は執筆に講演にと忙しい中、夫の介護に手は抜かなかった。それでもこう書く。

「お前にはお前の生活があるのだから、とか、毎日来なくてもいいよ、と言う。物を書く女は最低の女房だと言われている。そんな女を女房にして気を使っている夫の不幸を思わずにはいられない」

読者からすれば、これ以上の、献身的な妻はいないと思うのに、「物を書く女は最低の女房」と書く。さらにこうも書く。

「『ごめんなさいね。私はだらしなくて。こんな時に眠いなんて。普段は不眠症なのに』。『お前は仕事があるんだから』。本当に、小説を書く女なんて、最低だ、と育子は思った」

息を引き取った夫の背中をさすりながら、こうも思う。

「夫の背中をさすっている時に、残る力をしぼって軀を半回転させたのは、育子を拒否したのだ……。情の薄い妻に絶望して死んだのである。育子はこの責めを、死ぬまで背負ってゆく」

作家としての高い誇りを抱いているはずの人の、この自己否定と自罰意識の深さ。多忙な生活の中で懸命に介護をし、詳細な記録もつけ、偉大な作家の最期を書き残して、これこそが作家の目、感性、文章だと思いながら読むのに、どうして「小説を書く女なんて、最低」と思うのだろう。なぜ「情の薄い女房に絶望して死んだ」と書くのだろう。私なら、吉村さんは、生と死をぎりぎり考え抜き、尊厳ある人間として死を選んだのだと思う。その決断の中に、「女房の情の薄さ」なんてあっただろうか。私は「ない」と思って読んだ。

私の友人の作家は「そんなに名を売りたいか」と夫に言われたという。しかし、育子の夫は妻の仕事をしきりに応援している。もし「書くな。俺の介護だけせよ」と言われたら、ペンを擱《お》くだろうか。私は擱かないだろうと思う。そこは彼女の誇りの世界だから。

津村さんと比較すれば、木っ端みたいな物書きの私だが、私も今こうして手記を書いている。夫の不名誉なことも書いている。私こそ、たいした物書きでもないのに、最低だ。それを深く自覚する。そう思いながら、私もまたなんという業の深さだろう、どうしても書き残しておきたい、介護に苦しむ老妻と感情を共有したいと願う。

妻の役目はごめんこうむりたい

前にも述べたように、「車椅子での旅行をしたい」と娘に言って厳しく批判され、あげくに過去の私の数多き愚痴も指弾された時、私は田中澄江さんの『夫の始末』(講談社)を再読していた。初めて読んだ時は、タイトルの強烈さと、この作家の内面の激しさ、潔癖さ、体力・気力に驚いたものだった。この本は、八五歳にして夫の介護を背負う妻の生き方を、激しい筆致で書いたものである。ここにも過去の感情の大波が押し寄せてきて、彼女はこう神に祈るのである。

「我慢する力をお貸しください」

そう祈りながら、こうも書く。「自分は八百以上の山に登ったけれど、この一カ月の夫の世話の方がずっと大変だったと思う。できればもう妻の役目はごめんこうむりたい」「夫を見ると、疲れがどっと肩を押さえ込むのはどういうことでございますか」と。

どれほど多くの妻が「我慢する力をください」と祈ってきたことだろう。それを忍耐の鑑として、健気な妻、人間愛、美徳として称賛されるとしたら、こんな世の中は間違っている。

最近は、美談を超えて、その辛さや悲しみを語るようになってきたが、その多くは「実の子による介護」である。息子の妻(嫁)の介護記録は少ない。夫婦間介護ではまだまだ美談が多い。夫からは「優しい夫による妻の介護」。妻による介護も、「健気な妻の幸せ介護」。

中村勘三郎・波野好江夫婦のように、夫の浮気による激しい夫婦喧嘩が書かれていようとも(野田秀樹は「肉体派夫婦」と表現している)、最後は夫婦としての最高の幸福感に満ちた、美しい世界が描かれる(中村勘三郎『最期の一三一日』集英社)。

介護する夫の苦悩に涙するのは、歌人永田和宏さんの『歌に私は泣くだらう』(新潮社)である。妻の歌人、河野裕子さんの感情の激しさ。それに耐えながら妻の天才性を最期まで守る夫。妻への敬意の深さに読者は涙する。私の夫のように、新刊を見て見ぬふりをして、テーブルの端に手の甲で押しやるようなことはしないだろう。

さて、田中澄江さんの『夫の始末』は、過去に夫からのDVも受け、まことに桎梏多き〝妻〟を生きてきて、八五歳になった人の率直な告白である。最後にはこういう境地に至る。

「夫はこの六十年を、恨む恨むと絹に言われ続けて来て、夫を恨む絹を、夫として恨んだことはなかったろうか。そんなこと、ゆめにも考えたことがない」

この一文は、私に対する鉄槌だった。感情を言葉にすることが苦手な夫は、耐えてきたことがたくさんあるはずだ。思い起こせば、幸福な思い出もあるではないか、どうしてそういう思い出を大切にしないで、嫌な思い出ばかりに執着するのだろう。

「滅ぼすべき罪は我にあり」と、改めて実感する。

長い歳月に降り積もった葛藤の数々、介護がきっかけになって噴き出した感情。我慢する力の弱さ。私の人間としての未熟を思わざるをえない。私も「我慢する力をお与えください」と祈る。

残念なことに、老老介護の配偶者殺人は、八割が夫による妻殺しである。夫もまた苦悩するだろうが、「我慢する力」を共に祈りたいものだ。

介護保険導入以来、要介護者への支援は非常に進んだ。しかし、その周辺にいる介護者への支援には、十分な対策がない。もし今後「在宅介護・医療」の充実を願うならば、家族への「愛」の強要ではなく、障がい者も含めた、すべての介護者の心と身体を守る支援体制を作る必要がある。民間の団体も活動しているが、国として、たとえばイギリスの「ケアラーズアクト(ケアラーの権利保障と支援)」のような、政治の責任による対策が必要だと、私は自分の経験で痛感した。

いざという時、老妻はかくも純情

老妻達は、あれこれ葛藤しながら、いざとなったら頑張るのもまた事実だ。私の友人Yさんは、長女の保育ママさんで、足を向けては寝られない人である。彼女は、いつもこう言っていた。

「あの人病気になったら、三回は蹴っ飛ばしてやるわ」

しかし、いざ夫が癌という病気になったら、自分の身体なんかどうなってもいいと思った。寝なくても平気だった。少しでも楽にしてあげようと必死だった。

「あの人ね、私の仕事を嫌っていたの。ところがね、晩年になってから、ママは貴重な仕事をしていたんだねと言って、赤ん坊を抱いてくれたり手伝ってくれてね。変わったんだよ」

そんなこともあって、昔の恨みは全部ふっ飛んだ。

「ま、昔のあれこれを思い出したこともあったけど、そんなことはどうでもよかった。一日でも長く一緒にいたいと思ったよ」

ここに老妻介護の到達点があるのかもしれない。別の友人は、二年に及ぶ夫の入院をこう語る。

「面会を終えて帰ってくるでしょ、淋しいの。ものすごく淋しい。一人でいるのが辛い。部屋が冷や冷やしている。あれこれあって、仲のいい夫婦でもなかったのに。子どもはまったくアテにならなくて、辛さを語る相手がいないの。夫が生きていることだけが心の励みだわね」

その夫は、要介護５、彼女の顔を見ても誰だか分からないという。

葛藤と純情、老妻の胸の内は複雑な万華鏡のようなものだ。

転院準備

病院探しの基準は「内科とリハビリ」

大学病院では最終の手術後、原則二カ月で退院することになっているという。二〇一三年一一月初め頃、退院の話が出た。世に言う九〇日ルールをはるかに超えて半年近くも入院していて、最後の山を越えたからには、そろそろ考える時期だった。

大学病院のソーシャルワーカーの前原さんに相談した。

「まだリハビリも十分でないし、義足の話も宙に浮いたままです。しかもこれから冬になります。家の中は寒いですし、まるで、ガラスの身体のような人を家に連れて帰る勇気がないんです。介護保険の要介護度認定も取り下げになっていますし」

前原さんは転院をすすめてくれて、三つの病院に当たってくれたが、リハビリで有名な病院からは、全身症状が悪いことや、若い人向け病院であることを理由に断られた。残り二カ所を訪問してみると、一カ所は、家からもそう遠くなく、介護保険の介護療養型を併設している医療療養型病院だった。院内の雰囲気は広々していて、感じはいいのだが、リハビリは週二回だ。

もう一カ所は、内科とリハビリテーション科を持つ医療療養型病院で、リハビリは週五回だった。しかし家から遠い上に多摩丘陵地帯にあり、そのくねくね道に、日暮れの早い冬場は自分では運転できないと思った。入院費用はこちらの方が月数万円高い。一長一短。しかしどちらも長期入院が可能だ。前原さんは、後者を勧めてくれた。

「リハビリの熱心なところがいいですよ。その分高いのですが」

しかしリハビリも、一日一回六〇分程度だという。その病院のソーシャルワーカーの柴山さんに電話して聞いてみた。

「リハビリ以外の時間は、何をしているのでしょうか」

「みなさん、ベッドにいます」

それでリハビリの効果があるのだろうか……。

「義足も作ってくれますか」

「もちろんです。身体障害者手帳を取ってください」

結局、後者の病院に決めた。この時、介護老人保健施設はどうだろうかと前原さんに相談した。

しかし彼女は、言った。

「医療ニーズが高いので無理でしょう」

その年の七月、老人保健施設(老健)は制度開始から二〇周年を迎え、全国老人保健施設の大会が金沢市で開かれた。

「病院には居られないけど、在宅でも暮らせない人のための、中間施設」

私は、父の介護の時に、こういうタイプの施設が欲しいと痛切に思った記憶があり、この制度ができる前から、勉強会などに参加していた。その後もさまざまな老人保健施設関係者との関わりが生まれ、見学や講演会に足を運んでいた。老健を舞台にした『長生きしてはいけませんか？』(講談社)も出版している。だから金沢での大会にも招かれたのだろう。

その時私が登壇したシンポジウムは「在宅復帰」がテーマだったが、私はあえて、この医療ニーズについて訴えた。老健は医療費が「総括報酬(まるめ)」なので、入所者が老健の守備範囲外の病気で医療機関にかかると、その費用は老健の持ち出しになってしまう。

「制度ができて二十数年。高齢者の病気もますます多岐にわたっていますし、医療ニーズも高まっています。老健の医療問題は再検討の時期に入ったのではないでしょうか」

自分の夫は、まさにこの医療ニーズのために、老人保健施設は利用できないと残念だった。

「病院にはいられない、家にも帰れない、そういう病人のための在宅復帰支援施設。中間施設」として、これまで大きな役割を果たしてきた老健だが、敷居もまた高いのである。夫はこの時は、要介護認定もまだ取り下げ状態で「認定」を持っていなかった。介護保険施設である老健は、最初から望めないところだった。そんなこともあって、まずは医療療養型病院と決めた。そこもまた、「在宅復帰のための中間施設」の役割を担っているのだった。

身体に予備能力がない

転院については、真壁先生からも説明があった。前原さんにも同席してもらった。

「傷の治りは良くはないのですが、身体の状況としては、いい時期に来ています。この病院では長期のリハビリはできないので、長期的な目でケアをするリハビリ専門病院がいいですね」

「家族として何か注意すべきことはありますか」

「注意というよりも理解して欲しいのは、血圧のことです。現在一七〇前後で高いのですが、心臓に血液を送り返すために、本人にとって必要です。首の血管は片方詰まったままですし」

私は入院以来ずっと胸にあり、時々は質問してきたことをもう一度聞いた。

「昨年の一〇月には、前の先生から〝Ⅱ-A〟軽い方だと言われて、暖かくなったら海外旅行しようと言っていたんです。それが、ゴールデン明け頃から急激にひどい痛みになったんです」

あんなに悪化する前の三月頃、なぜ入院させてくれなかったのか。切断手術を避けることは、ほんとうに不可能だったのか。看護師によると、週一回はバイパス手術をしているというから、混んでいたと思いつつ、そして真壁先生の献身的な治療に接してきたことを思えば、感謝あるのみだが、どうしても「なぜ」は消えない。軽度から最重度への期間が短い。血管は詰まりだすと急激に詰まると聞いていたのだが、何度も同じ疑問が込みあげるのだった。

「血管というのは、最初は無症状でも突然悪化します。沖藤さんは他の症状が密かに進んでいて、重症化しやすいパターンでした」

前にも聞いていた答えだった。そうなのだと、今度こそ納得する。

中年期からの生活がいかに老後に影響するか、無知と傲慢の結果だと再び思った。

国の医療費を湯水のように使った

一二月一九日、介護タクシーで大学病院を後にした。在院、二一三日。日本人の入院日数は、平均三三日。欧米諸国が一〇〜一五日前後なのに対して断然多い。夫は大学病院だけで、日本人平均の七倍の在院日数だった。これからも病院生活は続くのだから、この平均値をさらに押し上げることになる。

大学病院に支払ったのは、高額医療費扶助のおかげで、月々の医療費の支払いは、「四万四四〇〇円」だけだった(夫は後期高齢者で一割負担なので)。この他に差額ベッド代、食費などがかかり、総額で二一七万八五九二円。月平均三〇万円余。これに雑費やテレビカード代(ここでは一〇〇〇分、一〇〇〇〇円・消費税五％時）などが、月約三万円あった。高額医療費補助のおかげで、このくらいの支払いで済んだ。次の病院では三〇〇日近く、計五〇〇日ほどの入院となり、両病院への私の支払いは概算で、約六〇〇万円。国の健康保険財源から夫のために出た費用は、両病院でざっと一〇〇〇万円は軽く超えるのではないだろうか。

国民医療費の半分を七〇歳以上の人が使っているが、夫もその一人だ。過去に高い健康保険料を払ってきたとはいえ、自分勝手な生活をして、若い現役世代の人の金を使う。この病気は加齢による「止むを得ない病気」でもないし、「不慮の事故」でもない。セルフコントロールをきちんとしていれば、防げた病気である。自分で招いた「人生破壊病」「傲慢と無知症候群」なのである。若い人にも社会にも、申し訳ない思いで一杯だった。私も共犯者だが……。

夫には、久しぶりの外の風景だった。車椅子は後部に固定されており、私はその前の席に座った。夫は何か言いたかったのか、

「おい」と、手にしていた杖の先で私の肩をつついた。

「杖で小突かないで」と、私は不機嫌に言った。まったく無神経なんだから。

冬の陽光が明るくまぶしくアスファルトに跳ね、クリスマスや年末を控えて街は賑やかな様子なのに、そしてやっと迎えた転院なのに、私の心はなぜか沈んで弾まなかった。これから先どうなるのだろう、どのくらい入院して、在宅復帰とその後の介護はどうなるのだろう、私に背負いきれるのだろうか、不安は尽きなかった。

第6章　在宅復帰に向かって

鼻腔栄養で体力回復

ぎりぎりの体力で転院

大学病院から事前に、転院先の病院に病状記録などが送付されていたが、転院の日にも、「退院証明書」「看護情報提供書」「お薬の説明書」など、他に大量の薬が手渡された。

ベッドに落ち着いてすぐ、主治医の新田先生に私だけ呼ばれて、病状の説明があった。専門は神経内科。この先生のありがたいところは、説明した内容や希望をすぐ文書にして渡してくれることだった。メモ帳を持っていなくても、記憶が補完された。

「これまでの症状としては……下肢血行再建術後、左足部壊疽に対する左足部分切除術、糖尿病、腎不全、心不全・洞不全、内頸動脈狭窄・閉塞にて、入院加療。今後はリハビリを施行の上、自宅へ帰ることを目標として、当院へ転院」

他に、ギリギリの体力であること、合併症の予測、全身状態の悪化、更には急変（心拍、呼吸停止）の可能性などの説明もあった。大学病院での話と同じ、転院後の予測も厳しかった。

「経過観察をし、歩行を含めご自宅での生活が可能となる時点で、退院を検討していきましょう。急変時の対応としては、心肺蘇生術は希望しない。自然な形を希望ですね」

「そうです。自然にと、願っています」

しかしそれは、まだ遠い先の話だと、私は思った。

他にも「入院診療計画書」「褥瘡《じょくそう》(床ずれ)発生予防計画書」、日を追ってたくさんの計画書や同意書を渡された。医療が密室から出てきて、家族と共有できるようになっているのは、非常にありがたい。翌日、上部消化器と大腸内視鏡検査が行われたが、胃や腸には、腫瘍のような悪いものはないという診断だった。


「老人病院なんだなあ」


転院直後は一般病棟に入れられたが、そこは三週間まで。

それ以後は、医療療養病床に移された(二〇〇一年、改正医療法により、病床区分が五つに見直され、そのうち二つは「一般病床」と「医療療養病床」で、後者は人員配置基準などが一般病床より緩和された。他に介護保険適用の「介護療養病床」がある)。

医療療養病床は長期に入院している高齢者がほとんどで、昼間でもベッドで眠っている。目を開けている人も視線はうつろで、口を開けている人もいる。女性が圧倒的に多い。

「ここは、老人病院なんだなあ」

ぽつりと夫が言った。ショックを受けたようだった。自分だって老人のくせに、「老人病院なんかに……」とでも言うような口ぶりで、おかしかった。

この頃、帯状疱疹ができた。最初はごく軽いもので、軟膏ですぐ治ると言われていたが、長期間痛みが続いた。手にむくみも出てきた。これは消えたり出たりし、その後は手首の捻挫を起こした。どうしてこうも急激に衰えたのか、二階から突然落ちたような感じだ。これまで内臓関係の病気の自覚は、なかったのだろうか。

導尿カテーテルがとれて紙おむつになり、昼間は車椅子でトイレに連れていってもらえるようになった。そのせいか「ウンチが久しぶりに出た。下剤は飲まなかったのに」と喜んだ。まことウンチ問題は長期間にわたる喜怒哀楽の種だった。ポータブルトイレもベッドの側に置いてある。

肝心のリハビリは、月曜日から金曜日までの週五日、一時間程度。リハビリ担当の中野先生にお願いして、ベッド上でできることを指導してもらったが、どうも自発性がないように思えてならない。私が行くと、いつもベッドに寝転がってテレビを見ている。

悩まされたのは〝声〟だった。男性が大声で、「あ〜あ」「あっ〜あっ」などと四六時中声をあげている。声の問題は、特養ホームのユニットケアであっても、防ぎ切れない悩ましい問題であるという。後にその声の主とは離れた部屋に移してもらったが、今度は、「かっ〜」とか「うっ〜」とか大声を一日中あげたり、「おふろ、おふろ」といい続ける女性がいた。扉を閉めても聞こえてくる。

「仕方ないね」。諦めるしかなかった。とにかく早く退院することだ。

この病院は、特別室・個室はあるが、一般の利用ではないようで、二人部屋、四人部屋、五人部屋となっていて、どの部屋も一律一日五一〇〇円(平成二五年度まで。後に五四〇〇円)だった。介護の状態によってベッドを動かす必要があるからということだ。夫は五人部屋に入れられたが、廊下側で向かいにベッドがなく、ゆったりしている。カーテンで仕切ればプライバシーは保たれたが、難問は音だった。吸引する患者さんの「げえっ」「があっ」という音にも、気持ちが沈む。

その部屋では夫以外の四人が、鼻腔栄養で寝たきり、沈黙の人々である。両手にミトンをはめられて、いつも目の高さに手をかざして、しげしげとそれを眺めている人もいれば、一日中、ハイル・ヒットラーのように、右手を高く掲げている人もいる。

鼻腔栄養をする

二月に入って間もなくした頃、新田先生から電話があった。

「入院して二カ月ですが、だんだん食事量が低下しました。衰弱が進行しています」

「食事が口に合わないと言っています。食欲がないのは、そのせいではないでしょうか」

「転院以来、いろいろ工夫してきたんですが、どうもうまくいきません。このままだと衰弱が急速に進行することが予想されますので、しばらくの間、人工栄養管理をしたいのですが」

二つの方法があると言った。経腸栄養、これは鼻から管を入れる鼻腔栄養。他に中心静脈栄養法。中心静脈栄養法は感染症や血栓の合併症が起こるので、経腸栄養を勧めると言う。

「どのくらいの期間ですか」

「様子次第ですね。一回四〇〇キロカロリーを、朝、昼、夜の一日三回、計一二〇〇キロカロリーです。状態が改善したら、食事摂取を再開します」

「今、胃ろうが話題になっていますが、それは」

「この病院では、お勧めしません」

胃ろうは、おなかに穴を開けて、管から栄養をいれる。一時期は六〇万人いたというが、二〇一四年から回復して外した場合に加算がでるようになって、少なくなったそうだ。患者の不快感が少なく、長期間の利用が可能で、食べるリハビリもしやすいという。メリットもあると聞いていたが、新田先生は「胃ろうは勧めない」と言った。私も賛成だった。

「鼻腔栄養が長期になるようなら、その時はまたご相談します」

この処置は、緊急避難的なものであると理解した。数日後、先生は、夫がすんなりと鼻腔栄養を受け入れたので、驚いたと言った。

「最初は拒否するかと思ったんですよ。今は、プライドを発揮する力もないようですね。依存心が強くて、なんでもやってもらうことが当たり前になってしまっています」

私もそのことを気にしていた。薬など、自分で飲めるのに、看護師に口に入れてもらっている。子どものようにアーンをして。

「看護師さんもヘルパーさんも親切ですからね……。甘えているんですよ」

他の病院に夫を入院させた妻から、ずいぶん酷い話も聞いたり、読んだりもしていたので、看護師やヘルパーの対応のいいのは嬉しいことだったが、それが甘えを生んでいるのかもしれない。

「気分が沈んでいる時は、甘えるなと言っても無理なんです」。先生は夫の弁護をした。

鼻腔栄養は四〇日ではずれた。その時、食事時は車椅子に座らせてもらうことと、副食として甘酢らっきょうを食べさせることを許可してもらった。見た目はきれいなソフト食なのだが、これも糖尿食のせいか、味付けが薄味の上に噛みごたえがない。食欲が湧かないのも当然だった。さらに、いかなる調理法でかくもおいしくない味に仕上げるのか、とても喉を通らない食事もあった。おいしくないから食べない、食べないから鼻腔栄養、その悪循環は避けたい。

この鼻腔栄養時には、ガムをたくさん噛んでもらった。咀嚼能力が落ちるのが恐い。一度に二粒噛むと、胃の調子もいいそうで、鼻腔栄養がはずれた後も、ガムは必需品となった。スウェーデンでの取材の時に、言語聴覚士が嚥下トレーニングをすると聞いた。日本ではどの位一般的なのだろうか。友人から口の運動のために「噛みトレ」というのがあると聞いた。夫の場合は、自己流の「ガムトレ」での「噛みトレ」だった。何かやっていないと不安だった。

強調された「覚悟と愛」

六〜七割の人はわが家からあの世へと希望

鼻腔栄養になって三週間が過ぎた頃、私が属している研究会で「終末期における介護」というテーマでのシンポジウムがあり、私もパネリストの一人だった。夫の入院前から約束していたもので、私の役割は、在宅療養・介護の可能性を市民の立場で期待するものだった。

『それでもわが家から逝きたい』(岩波書店)を出版したのも、市民の希望を守るための在宅療養の可能性を、高めていきたいという願いからだった。しかし、年齢や病気の種類、家族の状況、地域特性などにより、すべての人に可能とは思っていない。

夫が入院した時、「沖藤さん、あんな本を書いて。旦那さん自宅で看取れるのかしら」と言った人がいたが、現在の医療や介護体制の状態では、私には看取れると明言する自信はない。未来に向かって、そういう方向で政策や市民の意識も変わっていって欲しい。その願いをこめて書いた本であり、そういう発言をする予定だった。

自宅や住み慣れた場所から逝きたいと願っている人は、たくさんいる。私もその一人だ。どの調査を見ても、六〜七割はそう答える。しかし、半分以上の人は「無理だ」と答え、理由の最たるものは「家族への迷惑」であり、「医療の不安」だった。結果、八割の人が病院で亡くなる。

前述のように、平均入院日数は諸外国に比べて非常に長い。地域包括ケアシステムなどの対策が始まったが、まだ全貌は見えていない。家族の心にも、看取りへの不安や恐れがある。命の重さをどんどんと背負うという恐怖は、私にもある。

医療療養型病院はなにもしない？

シンポジウムの打ち合わせの時に、夫が医療療養型病院（以下、医療療養病床）にいること、鼻腔栄養になったことを話した。座長であり、在宅療養医でもある医師は、言下に言った。

「医療療養病床なんて、何も医療していませんよ。すぐ家に連れて帰った方がいい」

「でも、お薬もありますし」

我ながら、下手な言い方だった。

「薬なんか、どこでだって貰える」

いやな予感がした。「リハビリ病院にいます」といえば対応は違っただろうと、その後長く心にひっかかった。ここで夫の病状を詳しく説明して、家に連れてこられる状態にないことを話すには、時間もなく、他のパネリストへの迷惑にもなるので、主な病気は閉塞性動脈硬化症であって、踵を残して壊疽部分を切断したこと、義足を作る予定であることを語った。介護認定が取り下げのままであることは、言い忘れてしまった。

パネリストは、特養ホーム施設長の男女二人と、有限会社の認知症グループホームの女性社長、そして私の四人だった。いやな予感は的中した。シンポジウムが始まると、座長はどういうわけか、私が夫を大学病院から医療療養病床に転院させて、家に連れて帰らなかったことを批判した。

「何も医療していないところに入れることが問題なんです。義足は、手術したらすぐ作るんです。僕は整形外科にいたこともあるので知っていますが、手術した病院でやるものです」

座長の医師は、本人も診ず、カルテも見ず、身体症状をまったく知らずして、どうして大学病院のやり方を批判するのだろう。私が病院の言うなりになって、〝医療もしていない〟医療療養病床に入れたかのようにいう。一〇〇人はいる参加者、身体が熱くなった。

「術後の状態が良くなかったんです。傷が塞がらなくて。義足のことは、大学病院の先生と何度も話し合いました」

特養の女性施設長の発言も、驚くものだった。

「要は、覚悟の問題ですね」

飛び上がるとは、このことだった。家に連れて帰らずに転院させたことを、家族として介護の「覚悟がない」と言っているのか。「終末期」の看取りの覚悟がないと言ったのか。

このシンポジウムは「終末期」がテーマであるが、夫はまだ終末期ではない。リハビリで体力をつけ、義足で歩けるようになれば、自宅に帰り、日常生活に戻る。主治医はそのために努力しているのだ。頭がかっとなって混乱し、思考力を失った。

「覚悟なんてできていません。これからリハビリが始まるんです」

もっと言ったことがあるように思うが、今は思い返せない。特養の施設長は、「覚悟」という言葉で、家に連れ帰らない老妻を責めている。私としては、夫の話はテーマの前段であり、こういう病人を抱えた家族として、終末期医療に何を望むのかを話したかった。それが、座長の「医療療養病床批判」と「覚悟」発言のおかげで、肝心なことはいえずにシンポジウムは終わった。いやな思いで、帰ろうとしたところに、認知症グループホームの女性社長が寄ってきて言った。

「愛ですよ。愛の問題ですね」

なんだ、この言葉は。

「愛だなんて、そんな美しい言葉使わないでくださいよ」

この「愛」で、さらに頭に血が上ってしまった。いったい何を言いたいのか。入院加療すれば回復する可能性のある人間を、家に連れ帰って終末期となし、早めに看取ってあの世へと言っているのか。覚悟と愛をもって。介護施設の長たる者が、在宅療養医におもねって、家族に在宅療養を強要する。こんなことがあっていいのだろうか。これも老妻ハラスメントではないのか。

「覚悟と愛」の脅しに負けない

私はこの話をさっそく病院の新田先生に語った。かなり興奮していた。先生は怒る様子もなく、

「医療療養病床には、いろんな病気の人がいます。また考え方も人それぞれです。大きな役目としては、病気に耐える力をつけていくことだと思っていますよ。専門医でなければ発見できないこともありますから、注意しています」

冷静な答えで、拍子抜けがした。一緒に怒ってくれないなんて……。改めて思った。こういうリハビリ機能を持つ長期療養の病院もまた、中間施設として、本人も家族をも救うものなのだと。

新田先生に語っただけでは気のすまなかった私は、厚労省の介護給付費分科会委員で、慢性期医療の指導的立場にいる先生にも、ことの次第を語った。

「在宅療養の先生の中には、我々を商売敵のように見ている人もいますからね。気にすることないですよ。本来は在宅療養医と我々は、協力関係にあるんですがね」

この先生もまた、冷静なのだ。こちらは病人を抱えている当事者、絶対的正解のない事態の中で、これがいいか、あれがいいか試行錯誤しながらの日々。気にするなと言われても、気にする。

「医療療養病床は何も医療していないなんて、何を根拠にいうんですか。それなら、カルテも本人も診ずして勝手なことをいう在宅療養医は、どうなんですか。医師失格ではないですか」

ことは命に関することであるだけに、在宅療養医を名乗る座長に強い疑問を抱いた。事情もよく知らずして、相手を貶めるような発言には、人間性も科学性もない。しかも公的な場で。在宅療養医が脚光を浴びているだけに、この見識のなさに深く失望した。在宅療養医の能力、感性は期待できるのか。関係者に問いたいと思う。

再度の要介護認定

要介護認定は「3」

前述のように、鼻腔栄養は四〇日ではずれた。さすが一日一二〇〇キロカロリーの効果は大きく、身体がしっかりしてきた。状態が安定した頃合を見計らって、介護認定の再申請をした。今度は主治医に意見書を書いてもらうよう、しつこいほど頼んだ。

その前に、〝身体障がい者〟の申請も中野先生と院長が意見書を書いてくれて、その後、〝身体障がい者手帳〟が交付された。「4級」だった。市の保健センターで、駐車禁止除外指定者の申請、義足作製の自己負担一割、自動車税免除、タクシー代も一割軽減などを、教えてもらった。税金だから申し訳ないが、なんとありがたいことだろう。親切で優しい口調の説明も、胸を潤してくれた。ちょっとのことで動揺したり感激したり、この感情の不安定さは困ったものだ。

介護認定の訪問調査員は、前回とは違う人だった。前の一件は知っていた。あの彼女は元気に働いているそうで、安心した。

今回の調査も「質問」が中心で、実際に座らせたり、歩かせたりはしなかった。

「座位「できる」は一〇分と聞いていますが、実際に見ないでどうして分かるんですか」

「お食事を車椅子に座って摂っているということですから、座位がとれると分かります」

「歩くについては、どうなんですか」

「リハビリで平行棒につかまって往復しているとのことですから、〝徒歩五メートル〟をクリアしています」

なるほど、そうやって判断するのか。しかし、歩くというのもさまざまなレベルがある。スタスタ歩く、平行棒につかまってヨロヨロ歩く、など。実際この頃はヨロヨロ状態だった。膝の痛みも話題にしたが、このあたりはどのように「特記事項」に記入され、判定に影響したのか。

四月中旬、要介護認定書が送付されてきた。介護認定は「３」だった。

「３」の状態像とは、「食事や排泄、入浴、衣服の脱ぎ着などの多くの介護が必要」「立ち上がりが一人でできない。歩行も一人ではできないことがある」(傍点筆者)。

認定が軽度傾斜化していると聞いていたが、生活の実感からすれば、少し軽いような気がした。歩行は「一人でできないことがある」ではなく、「一人ではできない」のである。認定の正確さ、公平さへの理解が、私には足りないようだ。

「３」の利用限度額は、二万六七五〇単位(二〇一四年)。一単位一〇円としてその一割負担、単位と同じ金額になる。ただし、私が住む市には地域係数がかかっているので、この金額よりも若干高くなる。二〇一五年の八月から、特養入所要件は「３」以上なので、「もっと良くなって認定が下がったら、セーフティネットが外される」と不安である。

義足の費用補助

五月半ばにようやく義足の型取りが行われた。まず仮義足を作る、これに一カ月。その後、本義足を作るのに一カ月、その後義足を使ったリハビリも必要なので、退院は早くても九月初めかと思われた。このことは夫にもしっかり伝えた。看護師にもリハビリの中野先生にも、頼んだ。

「この頃を退院のメドと考えています。新田先生の診断はいかがでしょうか」

義足作製は、公費補助をめぐって簡単なものではなかった。費用は、四万六五三一円。自費でもいいと言ってあったのだが、ソーシャルワーカーの柴山さんは、費用の九割の助成制度があるのだから、利用した方がいいとすすめてくれた。

しかし、後期高齢者医療の保険者である広域連合と市の福祉相談課とが、補助を押し付けあった。詳細は省略するが、広域連合に電話したり、市の管轄に出向いたり、また電話したりと、この押し付け合いには心底腹が立った。

一二月に転院してすぐ義足のことを柴山さんに頼んでおり、自費を覚悟していたと言うのに、助成制度なんかを利用しようとしたがために、仕上がったのは九月初めだった。この義足は夫にとっては希望の星だったから、ちゃんとしたリハビリが必要で、退院は一〇月に入ってからと、予定は一カ月も遅れた。結局、柴山さんの尽力で、広域連合から九割の補助が出た。

体力をつけるための番外編

鼻腔栄養がはずれた頃から、「嚥下能力があるのだから、普通食に戻してもらえないか」と頼んでいた。歯科健診も受けたが、歯に異常はないと言うし。しかしやはり塩分などの点で無理ということで、介護食(ソフト食)が続いていた。「おいしくない」と箸もつけないこともあった。「食事全体の何割くらいが、おいしいと思える?」と聞いてみたら、「一割もない」と言う。食べてさえいれば満足で、美食とは縁遠い夫が、そう言うのである。とにかく「食べない」「体力が落ちる」「鼻腔栄養」の悪循環だけは避けたい。そこで、食欲増進のためにと、〝甘酢らっきょう〟の許可を貰っていたが、そのうちだんだんと無許可の〝梅にんにく〟とか〝海苔の佃煮〟に広がり、五月も下旬になると、〝肉じゃが〟〝牛肉焼き〟〝ゆで卵〟と範囲を広げていった。

最初は看護師さんやヘルパーさんの目を盗んでいたが、だんだん大胆になってきて、「一週間二一食のうち、一食くらいは、おいしいものでお腹を一杯にしてあげたいですね」などと言いながらお盆に並べて、堂々と食べさせるようになった。

コンビニで買ったものだが、握り寿司を持っていくと、「うまいなあ。生き返ったような気がする」と喜んだ。調子に乗って週一度は持っていった。「食べ過ぎた」と言うこともあった。

病院食は食べなくても、普通のものは食べられるのだ。また衰弱して鼻腔栄養に戻らないためにも、少々のルール違反はさせていただきましょう。他にもバナナとか、塩分の少ないクッキーとか、身体に力をつけさせるようなおやつも買っていった。じつは大違反である大福餅やおはぎを、こっそりと食べさせたこともあった。まさに、悪妻。大悪妻。お医者さんの努力に背いて。

おかげで、身体に力がついてきたように思えた。義足で立ち上がって歩くには、力が必要なのだ。おいしいものを食べたのだから、力も出るだろうと。だから、つい小言も出る。

「いつもベッドに寝そべっていないで、身体をタテにして頂戴よ。車椅子でロビーにでるとか、壁を伝い歩きするとか。自己訓練して」

一日一時間のリハビリでは心配なのである。しかも八月に入ると、週五回から三回になってしまった。夫はいつも自己リハを「やっている」と怒るが、左手首を捻挫したとか言って、動作が不自由なのである。車椅子も自分で漕げない日が長く続いた。ため息が出る。

ある時、新田先生に言われたことがある。

「在宅介護では、奥さんが倒れますよ。仕事もできなくなるし」

働く老妻にとっては「夫の介護が仕事の停年（定年でなく、停まってしまう年）」と思ったこともある。それまでやっていたボランティアも辞退した。有料老人ホームの九四歳の女性のお話相手だった。私の精神状態の悪さのために、失礼があってはいけない。

「仕事は辞めたらだめよ」と言ってくれた友人もいた。夫の病気を離れて心を集中させる世界が必要だと。しかし、仕事はかなり減らした。「夫の入院中は、古女房最後の自由時間よ。遊びなさい」と、そそのかしてくれた友人もいて、そっちの方は機会を逃さないようにした。

夫は、ほとんどの人が寝たきりであるこの病院とは、別の世界に行く必要がある。弱気になっていないで、「在宅介護しながら、じゃんじゃん仕事する後期高齢者」の旗印を掲げたいものだ。

何よりも大事なのは、私の健康。「倒れたら大変」と、週二回筋トレ教室に通い、ウォーキングもする。食事や睡眠、健康維持に気を使う。それでも時々は、「共倒れになって、私が先に逝くのも悪くないなあ」なんて、思ったりもするのだから、まさに「覚悟も愛も」ない妻なのである。

退院に向けて準備開始

ケアマネジャーを決める

要介護認定が出たことで、心に弾みがついた。在宅復帰が視野に入ってきた。

まずはケアマネジャー（以下ケアマネ）を決める。ケアマネ一覧表を貰っていたが、多くの人から「これじゃ分からない」と不評が出るように、私もどこに頼んでいいか分からない。夫の場合、医療的な内容が多いので、看護師を基礎資格とする方にお願いしたい。市内の介護事情に詳しい方に相談すると、ある病院に付属する訪問看護ステーションのケアマネを紹介してくれた。

「この橋爪さん、大変優秀だから、忙しいようですよ」

だめかもしれないと思いつつ、電話してみた。案の定、

「今忙しくて、新しい方は……。小山さんという独立ケアマネがいます。やはり基礎資格は看護師ですから、そちらに」

「でも一度話を聞いて、相談に乗ってもらうだけでも」

優秀なケアマネと聞いていていただけに、未練があった。

「そうですか。では事務所の方に来てください」

少し驚いた。ケアマネの初回訪問は、利用者の家に来るものではないかしら。そこで、「指定

居宅介護支援等の事業の人員及び運営に関する基準」（平成一一年七月二九日老企第二二号））を調べてみると、「利用者が入院中であることなど物理的な理由がある場合を除き」となっていた。さすが優秀だと評判のある人だけある。こういう人の紹介なら安心だ。私は橋爪さんに電話した。

「事務所には行けませんので、ご紹介いただいた小山さんにお願いすることにしました。ありがとうございました」

小山さんに電話すると、すぐ飛んで来てくれた。

「一生懸命やらせていただきます」

話してみると、同じ郷里の人で、ご両親は今も住んでいるという。

よくケアマネを依頼する時、「事業所・所属ケアマネ」がいいか「独立ケアマネ」がいいか、話題になる。前者は、所属する事業所に利用者を囲い込むことがあるというし、後者は十分な情報のないままに事業所を紹介したりするという。最近では、ケアマネ数人の規模で、事務所を立ち上げて、共同で運営しているところも増えてきた。小山さんは、「独立・一人ケアマネ」なので、彼女に何かあった時が心配だ。

「橋爪さんとも連携をとっていきますので、ご安心ください」

ケアマネは替えてもらうことができる。近所の主婦は、夫のケアマネを変更し、「こうも違うのかしら」と驚いていた。私も不安がある時には申し出ることになるかもしれないが、小山さんは明るくて、元気な人だった。信じて契約しよう。ほどなくして、「重要事項説明書」を読み、

「居宅介護支援契約書」にサインした。契約期間は一年。いいケアマネさんに出会った。

見えてきた在宅介護計画

最大の懸案はベッドの置き場所だった。その他にも介護用品が必要だ。介護用品は各社の自由価格になっているので、「はずれ値」と言われるほどの高い値のつく品を出しているところもあり、選定には要注意なのだった。小山さんが紹介してくれた介護用品会社、Y社は前社長と長いこと懇意にしており、私が住む市に営業所があったことに驚き、幸運だと喜んだ。

後日、二人の営業所員ともども小山さんが来てくれた。

ベッドを二階に置くとすれば、階段昇降機が必要になる。その手配もしてもらう。歩行器、車椅子、ポータブルトイレなど、生活を円滑にしていくための用意が必要である。階段昇降機は、自費になる。階段がカーブしているので割高とのこと、二社見積もりの末ほぼ一五〇万円で契約した。看取りの段階になれば、一階にベッドを移すかもしれないが、数年は自室がいい。

「ほれ、ゴルフの優勝カップやトロフィーが二〇個以上飾ってますでしょ。机やパソコンも、本棚もありますし」

私の願いは、週二回くらい、老人保健施設のデイケアに行ってリハビリをし、一回は福祉系のデイサービスに行ってくれればありがたい。本人の意欲はどうだろうか。

夫には、話がチイチイパッパにいかないように、デイサービスやデイケアセンターの良さを強調して、「それでね、週三回くらいそういうところでお風呂に入れてもらうの。そうすれば、安心でしょ。家のお風呂は危ないから」と、了解をとった。

この時、「小規模多機能型居宅介護」はどうだろうかという話になった。泊まり、通い、訪問の三種のサービスが利用可能。複合型になれば、看護師もいる(定員二五人)。問題は他のサービスが利用できないし、ケアマネも替わること。小山さんと別れるのは困る。

「まずは、いろんなサービスを利用してみて、合うものを探していきましょう。いきなり小規模多機能……というのは早いかもしれません」

同じような理由で、「定期巡回・随時対応サービス」も、当分利用しないことに決めた。これは、二〇一二年に、地域包括ケアシステムを構築する主力サービスとして創設された制度である。

「ホームヘルパーさんに週何回か、看護師さんに週一回程度入ってもらえば十分で、まだ定期巡回を必要とする状態ではないですね」

もちろん訪問医療もいい医師を紹介してくれるという。威張る医師や発音不明瞭な人は止めてねと言っておいた。ホームヘルパー(身体プラス生活援助)は、週三回程度希望する。

大雑把だが、デイケア中心で、デイサービス、ホームヘルパーと訪問看護師などでやりくりすると話し合った。生活援助は、私という〝しっかりした?〟介護者がいる以上、ダメかと思っていたら、「身体介護が二〇分はいる場合、七〇分まで生活援助はOKです」と聞いて、飛び上がるほど嬉しかった。足浴などの身体介護の他にトイレやベッド回りの掃除をして欲しかった。

家族が同居していれば、生活援助のみは使えない。例外として、次の三点が挙げられている。「家族が高齢で筋力が低下」「家族が介護疲れで共倒れなど」「家族が仕事で不在」。しかも「同居」の定義は厳しく、二キロ離れていても生活援助はできると、「同居」にされた例もある。

老妻には厳しい掟なのである。風邪を引いて熱を出していても、ケアプランにないからと、助けてくれないという話を聞くと、老妻は早く要介護になった方がいいらしいと、怠け者古女房には、またしてもやけくそ共倒れ願望が頭をもたげてくる。

さてその日の打ち合わせは、まだ先のことではあるけれどとして、「退院前カンファレンス」「主治医の選定」、さらにデイサービス事業所の事前訪問などの粗い予定をたてて終了した。在宅復帰に向けて、一歩動いた。困難な日々が来るだろうが、あまり深くは考えないことにしよう。

この日嬉しかったのは、夕飯の支度について、糖尿食の宅配を取ることに小山さんが賛成してくれたことだった。これで私の気持ちはぐっと楽になった。カロリー計算しながらの、毎食の食事の支度は老妻にはしんどい。退院後の食生活にメドがついた。

ところが、六月半ば過ぎ病院に行くと、ぐったりしている。

「どうしたの?」

「昨夜から急に右の膝が痛くなった。温めると楽になるから、ホットパックしてもらって。また整形外科の先生に診てもらうよ」

膝だけがぽっくり膨れ上がっているような脚である。がっかりしてしまった。歩けなくなったらどうしよう。退院後の生活にメドがついたと思った途端、この事態である。

「最近は、目もかすんで見えないんだよ」

「白内障の手術をして、よく見えるようになったんじゃないの？」

「そうなんだけど……」

ここの病院には眼科はない。診察器具が必要なので、往診も頼めない。退院したらすぐ眼科だ。身体から力が抜けていくような思いで、病院を出た。大波・小波が押し寄せてくる。

その日、六月一八日、「地域医療・介護総合確保推進法」が参院本会議で可決され、成立した。

在宅療養の世紀に向けて

介護者支援の充実を！

第2章の後半でも軽く触れたが、これからは「病院の世紀」の終焉と「在宅療養の世紀」の始まりと言われている。地域ケア病棟という入院期間六〇日の病院の仕組みもでき、「ほぼ在宅、時々入院」という柔軟性のある対応を目指す言葉も聞く。

しかし現実には残念ながら、在宅療養の要望を満たすような地域の医療・介護資源が、全国的に充実しているとは言い難い。しかも、住宅や介護環境、とくに介護者の問題がある。女性や家族へのしわ寄せ。若年期や中年期の人には働き手として期待されながら、在宅介護の担い手としても当てにされる。女性は「在宅介護の理想」の前で、仕事と家事・育児と介護の三重苦・四重苦を背負いかねない。老いたる妻ともなれば心身の負担も大きい。

当然ながら地域の気候や災害の危険、冬場雪に閉ざされる地域、災害に弱い地域、適切な医療のない地域、それぞれの地域性をどうするか、大きな課題だ。今後とくに重要なのは、老いたる妻への支援だ。老妻への世間的バッシングや、「愛」の強要は根強い。人格権の侵害は、老妻に対してかなり平然と行われている。老妻に限らずすべての介護者の心身の健康管理、カウンセリングや血圧測定なども含めて幅広い支援が、在宅療養には必要である。自己管理の名のもと、介護者の苦しみや健康が放置されている。

医師や有識者、世間の人の中には「在宅療養原理主義者」みたいな人がいる。「在宅療養」＝○、「病院など」＝×。老いたる妻は、こういう世間とも闘わなければならない。

地域の医師に望むこと

私のわずかな経験ですべてを判断するつもりは毛頭ないが、患者に対して「どういう医療をするか。分かって欲しい」という熱意は、大学病院や療養病床の医師の方が、開業医よりも強いと思う。MRIなどの写真のコピーをくれて、一つひとつ示して説明してくれる。

前述の作家、高見澤たか子さんの夫は、地域のホームドクターにかかっていたが、公立病院の医師にセカンドオピニオンを求めたいと思い、主治医に失礼のないようにと、そのことを話した。

「そんなに公立病院がいいんですか！　どうせそのうちそんな遠い病院なんか通えなくなる」怒りをあらわにして吐き捨てるように言ったという。この医師はなぜ、「是非そうしてください。その結果をもとに、一緒に治していきましょう」と言えないのか。セカンドオピニオンは今の時代当然なのに、どうして怒るのだろう。やはり家父長意識であり、患者囲い込み主義なのだ。最近では、快く紹介状を書いてくれる医師もいると聞き、そんな話を聞くとほっとするけれど。

地域の一次医療を背負う先生方には、こういうことを希望したい。

「発音を明瞭に。丁寧な説明を。年齢差別的、女性差別的な言辞は謹んでください」「説明内容を簡単でいいからメモにしてくれると、ありがたいです」「検査結果や、レントゲン写真なども、コピーを患者に渡してくれませんか」「家族はいつも医師の都合のいいようには存在しないと知ってください」「他の病院の医師のやり方を批判するのは結構ですが、自分の古い経験に乗っかって、本人もカルテも見ずに批判するような言辞は、絶対に止めてください」「セカンドオピニオンを快く受け入れ、協力しあいましょうという姿勢を示してください」

患者側の努力も必要だ。私も都合で付き添えない時には、「普段の状況」を書いて夫に持たせたが、つい「良くなったから」と手抜きしてしまって、電話で怒鳴られたのは前述の通りである。

待合室が患者で満杯の医院もたくさんある。医師の激務も知っている。しかし、「在宅療養の時代」にあっては、地域住民の信頼を獲得するための、医師の意識変革も必要だと思う。

医療法人救友会理事長、山本五十年先生は、在宅療養医が中心になっているメーリングリストで、いつも〝自戒自守六箇条〟を載せている。「なまけるな」「おこるな」「いばるな」「あせるな」「くさるな」「おごるな」。ありがたい、お心である。

「帰りたい」、夫はきっぱりと

私は小山さんに念を押した。

「訪問診療を月一度は、お願いします」

「いい先生がいます。大丈夫です」

彼女は太鼓判を押してくれた。またどっと安心して、私の「覚悟と愛」も少しは元気になったようである。小山さんに聞かれた。

「どの時点になったら、特養入所を考えますか」

少し考えて答えた。

「排泄介助が必要になったら介護施設と考える人が多いようですね。私もそう考えます。多分八〇歳の老妻になっているでしょうし」

特養は、申し込んでも、三〜五年待ちだと聞く。もし膝痛が治らなかったら、寝たきりへの道一直線だ。早めに申し込んでおかなければならないのではないか。

しかしありがたいことに、膝痛は改善し、目もどういうわけか見えるようになった。病人にはふしぎなことが起こるものだ。

この後、小山さんと老人保健施設を見学に行った時、義足のリハビリも必要なので、通所のデイケアではなく、入所したらどうかという話になった。さっそく夫にこのことを話した。

「いやだ。家に帰りたい」

夫は即座に言った。これまで、自分から帰りたいと言ったことは一度もなかった夫が、「家に帰りたい」と、きっぱりと言った。

「またどっかに入るのはいやだ。ウツになりそうだ」

ゴリラの口から「ウツ」なんていう言葉が出るなんて。そんな言葉が辞書にあったんだ。よほど病院の暮らしが辛いのだろう。ここでは職員以外話す人がいない。耐えられないと言うのである。その後、「監獄にいるみたいだ」とも言った。

「そう。じゃあ家に帰ろう。通所のデイケアで頑張るのよ」

帰宅して小山さんに電話した。

「後のことはまた順々に考えていくことにして、とりあえずは、通所で考えます」

この時不意に、胸に込みあげてきた思いがあった。

「絶対に元気にしてやろう。失った足はどうにもならないけれど、病気前と同じくらいの生活をさせてやろう」

私も、介護を「受容」する心境に至ったのだろうか。しかしまだ、朝になると過去のあれこれがフラッシュバックするから、朝・晩に抗ウツ剤を飲んでいる。人間の感情とは厄介なものだ。

介護保険の報酬改定

二〇一五年には、介護保険法の改正と介護報酬の改定との同時改正・改定があった。介護保険料は、六五歳以上の一号被保険者では、月額六〇〇〇円を超える人が三割に達するという(『朝日新聞』二〇一五年三月七日)。介護保険料を払って、介護サービスを利用していない人は八割を超える。かつて「介護保険は保険料をかけても使わない。幸福な掛け捨てがいい」と言われたが、保険料が高くなるにつれて、不満の声も聞こえるようになった。

一方、介護事業所に払われる介護報酬は二・二七％下がった。処遇改善加算と各種の加算を除けば、実質的には、四・四八％の削減と計算されている。サービスを休止する事業者も出るようだ。北海道では経営が後退する事業所が八割にのぼるという(『シルバー新報』二〇一五年三月一三日)。「負担増・給付減」という厳しい改定である。利用者からすれば、利用する介護事業所が取得する加算次第で利用料が変わる。介護保険は医療と違って、若い頃から自由に使えるものではなく、介護認定を受けてから要介護度別にサービスを受ける仕組みである。老いたる頭にはなかなか入りにくいけれど、いったん利用者になると、これほどありがたい制度はない。

夫は、今回の改正・改定でどのような影響を受けるだろうか。①特養入所が「3」以上になった(二〇一五年八月から)。②年収が年金のみの場合、単身で二八〇万円以上、二人以上で三四六万以上は二割負担になる(例外あり)。夫も二割負担になる(二〇一五年八月から)。③介護保険にも、医療費の高額医療費扶助と同じように高額介護サービス扶助がある。これまでは、三万七二〇〇円だが、現役なみ所得(年金収入なら三八三万円以上)の人は、医療費と同じ四万四四〇〇円になる。夫も影響を受ける(これも二〇一五年八月から)。

今後増大する後期高齢者、団塊の世代が七五歳以上になる二〇二五年を見込んで、介護保険は財源論が厳しく語られている。その見直しの最先端が、「要支援1・2」の人の「訪問介護」と「通所介護」を介護保険サービスから切り離し、市町村の総合事業にすることである。要支援1・2の人は、七二%が女性、平均年齢は八二歳。このうち、訪問介護利用者、通所介護利用者は、ともに六〇万人前後で、のべ一二〇万人くらい。多くの反対もあり、「軽度のうちに、重度化を防ぎたい」とする願いは宙に浮いた感じだが、より良い仕組みになることを願うばかりだ。

今後の在宅医療の方向性を考えると、「在宅介護が充実しなければ、有効な在宅医療もない」と私は断言する。生活が充実してこそ医療も効果を発揮する。介護保険の縮小は、逆に医療費を膨らませるのではないか、危険な方向ではないかと、私には思えるのである。

第7章　始まった在宅介護

退院前カンファレンス

専門家が一堂に会した！

退院の日を、一〇月八日と決めた。その日は長女の誕生日、家に帰って新たな療養生活に入るには、とても縁起のいい日だった。

前述のように、この病院はいつまでもいていいと、長期入院療養を認めてくれている。しかし、昨年一二月に入院して、もう九カ月だ。大学病院から通算すれば、入院生活は一六カ月、約五〇〇日。夫のウツになりそう、監獄にいるみたいだと言う気持ちも分かる。

私は、最初から「在宅復帰を目指す」とお願いしてあった。いくら医師や看護師が親切とはいえ、ここには生活がない。精神的活発さがない。周囲は寝たきりの人ばかりだから、会話もなく、遊びごともない。ベッドから離れるように言っても、行くところもすることもないのだ。早く退院させて、生活を取り戻そう。療養の質は、わが家にある。私の苦労は、なんとかなるだろう。

入院費の問題もある。月々三〇万円前後の支払い（テレビカード代も含めて）は、受給年金の月額を大幅に超える。預金を取り崩していく生活とは、なんと心細いものだろう。在宅介護は「家族による無償労働だ。けしからん」と言う有識者もいるが、そのように言う人が残された方の経済を守ってくれるわけでもない。

退院に先立つ九月一九日、退院前カンファレンスが病院の会議室で行われた。出席者は、医師、看護師長、リハビリの先生、特養ホームデイサービスから二人、福祉用品会社、訪問看護・医療から一人、病院のソーシャルワーカー、ケアマネ、私達夫婦の計一一人が大きなテーブルを囲んだ。在宅療養医と老人保健施設のデイケア関係者は欠席だった。

訪問看護と医療は、以前私が『それでもわが家から逝きたい――在宅介護の現場から』で、取材した〝在宅療養支援・楓の風〟をケアマネが勧めてくれて、そのご縁に驚いた。あの時同行取材した訪問看護師渡辺高志さんは、後にわが家に来てくれて、再会した。

この会議は、長いこと見たいと思っていた一幅の絵画を見るような感動だった。一人の病人の在宅生活のために、これだけの専門家が多摩丘陵にある遠い病院に集まってくれた。情報を共有し、在宅生活を守るために時間と能力を使ってくれている。

またしても約四〇年前の父の時のことを思い出す。退院時看護師は「おめでとうございます」と言ってくれたが、その後の在宅生活を助けてくれる医療・介護者はいなかった。「病院は天国、わが家は地獄」「わが家の中に、専門家の目と手が欲しい!」と言い続けてきて、それが介護保険のシステムで実現している。「治すための医療のみでなく〝生活を支える医療〟が必要」、「医療と介護の連携」「多職種連携」と言われるようになり、まさに今この時、地域の各種専門家が一堂に会し、夫の在宅生活を支えようとしてくれているのだった。

介護保険は法改正、報酬改定のたびに生活援助の部分が縮小され、介護保険は当初の理念を失ったという批判もあり、それについては私も同感だが、今この介護保険のもう一つの理想、「医療と介護の連携」をはじめとする、中・重度者への総合的支援の理念は育っているのだった。

まず医師から、病状の説明があった。

「転院時は体力ギリギリの状態でしたが、経鼻経管挿入による経腸栄養によって、体力を回復しました。栄養状態の改善によって食思、リハビリへの意欲も改善。退院が可能な状態です」

ようやく退院の許可がおりた。

「ただ二点、注意して欲しいことがあります。一つは慢性腎不全で、入院時よりも腎機能障害が進行しています。いろんな工夫をしてきたのですが、近日中に人工透析の導入も必要となる可能性がありますので、退院したら腎臓内科の受診をお勧めします。二つには、高ＣＥＡ血症（血中ＣＥＡの濃度の増加により、消化器系のガンの存在が分かる）です。腫瘍が疑われたので、上部消化管内視鏡、下肢消化管内視鏡、胸部エコー等の再検査をしましたが。所見は認めませんでしたが、今後も精査が必要です」

先生はテーブルに身を乗り出して、私が見ている書類の二つのポイントに丸印をつけてくれた。《慢性腎不全》と《高ＣＥＡ血症》の欄である。足の傷はまったく痛みもなく、義足にも慣れつつあるというのに、内臓の方が万全とはいえない状況なのだった。なんという頑丈な臓器かと思っていたというに……。

「血圧も一七〇から一九〇と高いのですが、やむを得ません。降圧剤を飲むと腎臓に悪いので。血液をサラサラにするワーファリンを飲んでいますから、効き目を悪くしてしまう納豆は禁食です。また、低血糖を防ぐために、朝必ず一粒角砂糖を舐めてください」

血糖値は週一回の計測を訪問看護師に頼むことに。食事はソフト食でなくていい、普通の硬さの糖尿食でいいなどの注意があった。

車椅子の夫は終始無言でうつむいていた。自分のためにこれほど多くの人が集まってくれているというのに、そのことをまるで恥じてでもいるかのような、むっつりした表情だった。

小山さんが医療的なことをいくつか質問してくれた。基礎資格が看護師であるだけに、専門的な内容だった。新田先生はすぐ退席し、その後は専門家同士のやりとりになった。

リハビリの中野先生が、歩行について説明した。

「両膝の関節が屈伸しにくい状況で、マイナス三五度位で伸び切っていません。立ったり歩いたりの動作が辛いんです。今は平行棒を使ってせいぜい二〇メートルです。両脚に力が入りませんから、必ず介護職がついていてください。段差に要注意です」

あと、若干のやりとりがあって、会議は三〇分で終わった。

理学療法士がわが家へ

数日後、家の電話が鳴った。ちょうど玄関にいて、慌てて靴を脱ぎ、上がり框《がまち》に足を置いたつもりが上がっていなかった。そのままけっ躓いて転倒した。しばらく起き上がれなくて息を整え、ようやく電話にたどりついた時は、留守電になっていた。これから「老妻おひとり介護」が始まるのだから、何事も慎重に。私に何かがあったら、すべての計画はぶち壊しだ。

電話は、病院のソーシャルワーカー、柴山さんからだった。

「退院の前に一時外出をしてもらいます。リハビリの中野先生が住宅の状況をチェックして、必要な補助具などのアドバイスをします。運転してお連れしますので、日時を決めましょう」

「まあ、嬉しい。私もそう願っていました」

以前、リハビリ専門病院の取材をした時、院長が「理学療法士による在宅生活指導」の話をしていた。この病院でもやってくれるのか。中野先生に見てもらえれば、どれほど安心だろう。

秋晴れの気持ちのいい日だった。柴山さんが、夫と中野先生を乗せた車で、わが家に着いた。夫は、久しぶりに見る念願のわが家だというのに、この日もむすっとしている。ケアマネの小山さんと福祉用品Y社の大沢さんもきてくれた。彼は福祉用具専門相談員である。Y社の先代社長は、この資格化と制度の普及に力を尽くした人だ。

中野先生は二階の夫の部屋、すぐ側のトイレと洗面台(これは車椅子が入るように、下部が開いている)、一階の浴室などの手すりの状態を調べて、「よく設計されていますね」と言ってくれた。夫は階段昇降機にも乗って、操作を確認した。

問題は玄関の前、外階段四段だった。これは悩みの種で、私も躓いたことがある。やがてはここをなんとかしなければならないと思ってきた。側のレンガ塀に手すりを付けるという話もあったが、結局、その塀に摑まって登り降りができると分かった。

上がり框は、高さ二〇センチほどで、夫はここに腰を下ろしてしまうと立てなくなる。試しに四〇センチほどの籐の丸椅子を玄関の床に置いてみた。そこに座って靴を脱ぎ、靴箱の横の手すりに摑まれば上がり框に足がついて、自分の力で部屋の中に入れることが分かった。この丸椅子はすぐ木製の頑丈なものに買い換えた。

歩行器は、一階用と二階用の二つが必要だということも分かった。家の中では車椅子は使わないことにした。外出用のみとする。

二時間ほどして、柴山さんの運転する車で夫は病院に帰っていった。小山さんは言った。

「旦那さん、嬉しそうでしたね」

「そうですか？　むっつりしていて」

「病院でお会いする時と表情が違いましたよ」

そうならば嬉しいのだけど。夫の持つ二つの顔、私向けの顔と他人様向けの顔。その違いでないかしらと思ったが、少し安心した。

ケアプランの作成

ケアマネの小山さんとでデイケアセンター、デイサービスセンター二カ所を見学し、訪問介護関係者にも会って、現状や希望を述べた。最終的にケアプランはこうなった。

月曜日　デイケアセンター(入浴つき)
火曜日　在宅　ホームヘルパー。夕方五時半から一時間。身体介護と生活援助。足浴と夕食介助が一番の願い。他に歯磨き、着替えなどの細々したことなど。
水曜日　デイケアセンター(一日おきというのはしんどいと思ったが、先方の都合もあった。入浴つき。寒くなったら、訪問リハビリに替えてもらう)
木曜日　在宅　ホームヘルパー。火曜日に同じ。
金曜日　在宅　訪問看護師(身体症状のチェックと血糖値の測定)ホームヘルパー。火曜日に同じ。
土曜日　デイサービス(入浴つき)
日曜日　お休み

他に、在宅療養医が月二回と訪問薬剤師が月二回。

福祉用品は、特殊ベッド、車椅子、歩行器二台。他にポータブルトイレ(これは退院後の搬入で、一割負担での購入)。

夫は要介護度が「3」なので、支払いは、住んでいる市の地域係数で計算して、支給限度額ギリギリで費用負担は一割の二万六九三一円である。

「小山さん、いい勘していましたね。上限を超えて、自費負担になってもしょうがないと思っていたんですよ」

二〇一五年八月からは二割負担になる。高額介護費扶助を受けて、月四万四四〇〇円の支払いだが、入院中に比べると出費はぐんと楽になった。糖尿食の宅配サービスは月二万円程度。

「今後は状態によって、微調整していくことになりますね」

まことにケアプランは、退院後すぐ変更になった。夫の眼科通院が、火曜日になったからである。診察時間が不定なので、火曜日のホームヘルプは土曜日に変更してもらった。

驚いたのは、市の福祉サービスである配食サービスのこと。利用すれば？というアドバイスで申し込んでみたところ、提供できないという電話がきた。管轄の高齢者支援センター（地域包括支援センター）の社会福祉士は、理由が四点あるとそれぞれを細く語った。最後に、「市の税金を使っているんです」と言った時は、さすがにむっとした。個人的に付き合う社会福祉士さんは、どの人も親切で優しいのだが、住民に向き合う時は、こんな風に説教口調で威丈高になるのだろうか。日本人は長いこと「医療好きの福祉嫌い」と言われてきたが、こういうところにも原因があるのではないかしら。もともと民間のものをと思って、カタログを集めてあったのだから、余計な知恵のおかげで不愉快な目にあった。

退院の準備は、完璧ではないかもしれないけれど、考えられることは全部やった。ベッドや介護用品が運び込まれ、退院の日を待つばかりになった。

わが家をナーシングホームに

退院の朝、二時に目が覚めて

その日は、快晴とまではいえないにしろ、まずまずのお日和で気持ちのいい秋だった。朝一〇時頃旅行用トランクを引いて、病室に行くと夫は着替えてベッドに腰掛けていた。

「朝二時頃から目が覚めて、眠れなかった」

「どうして？　嬉しくて？」

夫ははっきりとうなずいた。あのむすっとした表情ではない。

そんなに退院を待ちわびていたんだ。嬉しい朝を迎えたんだ。帰りたかったんだ。胸の痛む思いとともに、退院を決断して良かったと、感動も込みあげた。

病院でも「退院お祝い」として、特別に朝一番のお風呂に入れてくれた。夫は毎週月曜日が入浴日で、週一回の規則からすれば、その日、水曜日もというのは特別の計らいだった。きれいなお体で帰ってくださいと。髪もボランティアに頼んで、さっぱりしている。

「ベッドとか車椅子、在宅介護の用意、全部できているからね。心配しなくていいのよ」

とはいえ不安は、考えればキリがないくらいだ。友人達も心配してくれて、「頑張り過ぎないようにね」とか「愚痴りたい時はいつでも言ってね」と言ってくれ、そのたびに私は答えた。「いつまで続くか自信ない。半年続いたら○、一年続いたら◎、三年続いたら三重丸。その頃ギブアップするかもしれない」

私の仕事は一時期ほど忙しくないけれど、頼まれたことは断らないようにしよう。遊ぶことや息抜きもしっかりやろう。

「遊びながらの亭主の介護」

もともとが怠け者の古女房なんだから、これまで通りでいい。生活を変えないようにしよう。思い出す言葉がある。八〇代で妻の介護を一五年もしていて、「わし、罪滅ぼしで介護しているのよ」と言ったあの夫のことである。

「わし、あちこちの会合なんかにでかけるのよ。この人一人にしてね。もしわしの外出中に何かあったら、それはこの人の運命だったと思うことにしたんじゃ」

私もこの言葉から学ぼう。自分を責めることなく、あるがままの現実を運命として受け入れて、流れにまかせていこう。

その退院の朝、私は言った。

「前にね、家に帰ったら食べたい物あるって言っていたよね。蕎麦に焼肉に寿司だったよね。帰りにお蕎麦屋さんに寄ってみない？　ほれ、駅に行く途中にあるお蕎麦屋さん。昔からある」

夫の顔に灯が点ったようになった。

「ああ、あそこか」

「行こうよね。退院祝い」

楽しみにしていた蕎麦だった。朝二時から目が覚めて私の迎えを待っていた夫。それを思えば、まずは蕎麦で乾杯なのだった。

玄関では柴山さんや看護師長、担当看護師が見送ってくれた。

「もし何かあった時は駆け込みますから、よろしくお願いします」

「そんなことないように願っていますけど、もしもの時はいつでも連絡ください」

柴山さんの心強い言葉だった。三人の笑顔に送られて、秋の穏やかな日差しの中を車はスタートした。この時受け取った「退院証明書」は「治癒に近い状態」で、「治癒」ではなかった。

夫を助手席に乗せて、気持ちのいいドライブだった。軽い会話をしながら蕎麦屋を目指した。

しかし、この時の蕎麦はおいしくなかった。夫も私もがっかりしてしまった。

「楽しみにしてきたのに。今度私がおいしいのを茹でるからね」

わが家のふしぎ

夫の退院は私も嬉しくて、その日のうちにお見舞いをくださった方々に、内祝いと挨拶状を送った。夫は用意の整った自分の部屋で、ぐっすりと昼寝した。機嫌もよく、夕飯の宅配お弁当を全部食べた。カロリー計算をしてあるので、それに合わせて朝食と昼食を考える。

朝、六時半か七時頃、夫の部屋に行く。夫はもう起きていて、着替えをすませ、血圧を計っている。ただ、文字が書けないというので、数字を覚えていてもらって、私がノートに記入する。認知症のないことのありがたさ。あのネット詐欺は何だったんだろう。

「ちゃんと記憶しておいてね。脳トレよ、これも」

いつも一六〇から一八〇の間で、ため息が出る。これは真壁先生からも新田先生からも「このくらいなければ、血液循環がうまくいかないんです」と言われていたことだったが、やはり数字を見ると気落ちする。

この後、階段昇降機に乗ってダイニングに下りてきて朝食。「角砂糖食べたかい？」「食べたよ」と確認する。

「朝ごはん、お米はやめようね」

まず、青汁を一杯飲んで、ヤクルト、チーズ、果物、シリアルが基本メニューとなった。洗面は、病院では蒸しタオルだったと聞いて、電子レンジでチンすることに。またしても父の時を思い出す。毎晩の清拭にタオル四本を蒸し器で蒸す。真夏の冷房のない台所で、汗ぐっしょりだった。後で看護師から「きれいなお体ですね」といわれた時の嬉しさは忘れられない。今は、電子レンジであっと言う間にできてしまう。なんとありがたい世の中になったのだろう。

それなのに、私は言うのだった。

「なるべく、私に迷惑かけないようにね。自分のことは自分でするのよ。これは介護保険の精神なんだからね。血圧も自分で計って、着替えも自分でやって、私に甘えないでね」

とはいえ、歩行困難の上に目が良く見えない夫の介護には、細々した注意が必要だった。朝の身体チェックはもちろんのこと、薬も三食ごとに食前に飲む薬、食後に飲む薬を手渡し、食事もどこに何があるか、時計の文字盤になぞらえて教えて見守る。しかし、こんなことは予想の内、苦にはならない。退院した翌日、夫は嬉しそうに言った。

「ウンチ、出たよ」

「え？　下剤飲まないで？」

入院中は、自然排便の時もあったが、だいたい三日に一度の下剤で排便していた。

「ふしぎだねえ。でも、よかったね」

驚いたことに、毎日自然排便になった。

退院の時に、下剤が出ていたが、一度も使うことがなかった。トイレも、ポータブルトイレは使わない。歩行器を使って歩いていく。食事の時は、三食とも階段昇降機を使ってダイニングに来てもらう。このわずかな運動が腸にいい影響を与えているのか、心理的なものか、在宅介護関係者が言う「わが家のふしぎ」なのか「わが家の力」なのか、その驚きを私も実感した。

伏兵は、眼科通い

退院の翌日、さっそく近所の眼科に車椅子で行った。退院してからの最大の懸案事項だった。道路のスロープがきつくて、私の力では登れないことが二度、通りすがりの人に助けてもらった。

腎臓内科の件も在宅療養医の宮本先生に相談しなければならない。

目については、老眼が進んで、眼鏡を買い替えればいいだけだと思っていた。しかし、その眼科医は、診察の後に言った。

「ひどい眼底出血です。このままだと失明しますよ。すぐ大学病院の眼科に行ってください」

大学病院への紹介状を書いてくれた。眼鏡の問題などではなかった。この大学病院の眼科は混むことで定評があり、初診の日は、朝九時に病院に着いて、診察が終わったのが午後三時。途中三回ほど呼ばれて検査や他の医師の診察もあり、昼食抜きの延々たる待ち時間で、夫も私も疲れ切ってしまった。担当は若い医師で、はきはきと言った。

「糖尿病網膜症ですね。目の中が相当出血していて、この血が引いてこなければ手術です。週一回通院してもらってレーザー治療を行い、多分一二月ころ入院して手術になるでしょう」

レーザー治療について、その効用と医療費の説明があった。

「手術の時の入院期間はどのくらいですか?」

「一週間くらいでしょうかね」

「退院後も通院するのでしょうか」

「そうですね。しばらくは必要でしょう」

二回目の通院では、エコー写真のようなものをとったが、その説明はなく、一回目とほとんど同じ説明で帰された。

同じ病気で入院して手術を受けた友人が言ってくれた。

「私も酷い眼底出血だったの。でも大丈夫よ。必ず良くなるから」

それを聞いて気持ちが楽になったが、しかし、やっと解放されたと思った途端の病院通い、しかも真冬の通院になる。ゴルフ肘の先生から数えて三年以上も続く病院との嬉しくないご縁。帰り道、車の運転をしながら、またもや昔の怒りが込みあげてきた。私の病気には、やれ自分の不始末だとか、自己管理がなっていないとか言っていたくせに。家族を顧みることもなく生きてきて。

「私の顔なんて見たくないって言ったでしょ。罰あたったんだよ」

夫は何も言わなかった。こんな嫌味を言ってみたところで、気が晴れたりはしないのに。まだまだ、精神修養ができていない。せめて「苦労かけるね」の一言があれば、私も「いいの、いいの、何言ってるのよ」と胸が穏やかに爽やかになるだろうに。会社の友人には女房への感謝を語ったそうだが、どうして私に直接言ってくれないの？　いつも仏頂面で。またしても他人様向け自己アピール？　私は素直でなく、なんて可愛くない妻なのだろう。

この日はホームヘルパーが、イブニングケアで来てくれる。彼女の顔を見たら、マッサージに行こう。気持ちを鎮めるために。夫に酷い言葉を言ってしまったと苦い思いが込みあがって、どこかの穴にでももぐり込みたい思いだった。夫の介護を引き受けると決心して退院させたというのに、早くもこんなことを言ってしまって。覚悟が足りないといえばもう一つ。

退院した夜、布団を敷いて襖を閉めた時、襖を外から開けないようにする〝しんばり棒〟をどうしようと思った。真夜中に夫が泥酔して帰ってくる。部屋の襖をがらっといきなり開ける。私は恐怖の叫びをあげて飛び起きる。襖の外にはスリッパがあるし、中で寝ていると知っているのに。私はその後心臓が痛くて寝付かれず、その日一日を不調に過ごす。何回怒っても効き目がない。この二〇年余、自分の部屋を確保して、〝しんばり棒〟をかけてきた。私の健康対策だった。

今はすっかり弱って、そんなこともないだろうけど、これは心的外傷に近いもので、やはり〝しんばり棒〟をかけないと眠れない。夫の悪癖は、会社の工事現場での宿舎などでも発揮されてみんなの怒りを買い、飲み屋から最後に帰った時、玄関に鍵をかけて開けられなくされたそうだ。締め出されたと知った時どんな顔をしたか、悪いけど、おかしくて笑ってしまった。

サービス担当者会議を自宅で

退院の数日後、今度は実際にわが家で働いてくれる人々が、情報を共有する会議が開かれた。ケアマネ、デイサービスとデイケアの指導者、訪問看護師、在宅療養医、訪問介護サービス提供責任者およびホームヘルパーなど九人がわが家の狭い応接間に集まった。

それぞれの担当の日時や役割を確認しあった。玄関の入り方は、「ピンポンは心臓によくないので鳴らさないで。鍵は暗証番号で開けてください」と頼み、暗証番号を書いた紙を全員に配った。信用しなければ、「専門家の目と手」は、わが家に入らない。

この時、契約書や銀行振り込みの記入があったが、それが、各サービス事業所ごとなので、これは大変な量だった。「契約書が面倒」「支払いが別々で、煩わしい」などの話を聞いていたが、その通りだった。小山さんが言った。

「お疲れになったでしょ。初めての方は、このサイン攻めに疲れてしまうようです」

何曜日の何時に何のサービスがはいるのか、頭にきっちり入ってこない。手帳に色分けして書き込んだのだが、間違えてしまって、ますます混乱した。一週間分の予定が頭に入るのに、一週間かかった。やっぱり老妻は老妻、自分ではしっかりしているつもりでも、ヌケてばかりである。

この時ホームヘルプのサービス担当責任者として来てくれた渋田さんは、笑顔のすばらしい人だった。彼女は初回の時に、どこに何があり、何を何分でするか細かな計算をしていった。担当のホームヘルパーは毎回変わり、週三回だと三人になる。その後三回同行してくれて、それぞれの人に教える。サービス担当者の仕事は、責任感と根気だなあと感じ入った。二〇一五年の法改正で、条件つきではあるが、受持ちホームヘルパーを四〇人から五〇人に増やされたから、ますます忙しくなるだろう。

有識者の中には、ホームヘルパーは漫然と言われた通りのことをやっているように言う人もいるが、とんでもない見識不足である。利用者の要求の是非や、実際の所用時間の調整を非常に細かくやる。私も「それは出来ません」と変更させられた。国の制度として働く以上は、無駄なく、どのヘルパーがやっても均質のサービスを提供する、その精神が徹底していて気持ち良かった。

回転し始めた在宅療養

少しずつ前進

外部に通うサービスは、まずデイサービスから始まった。毎週土曜日、週一回。土曜日にお願いしたのは、私が不在になる可能性の高い曜日だからである。持参するのは、入浴後の着替え、食前・食後の薬。連絡帳。パンツは退院しても紙製のリハビリパンツにしたいと言う。万一の不始末を恐れてのことだろう。

最初の日は、帰ってくるなり、「おもしろかったよ」と言った。その日はみんなでおはぎを作ったのだそうで、いろいろな会話があったらしい。簡単な挨拶もしたそうだ。それは病院のベッドのみの生活にはないもので、社会生活に復帰したという実感が込みあげたものらしい。

他の日には、カラオケやトランプをやったり、血圧が安定している日には入浴もして、しかもここのお昼ご飯はおいしいと、すこぶるご機嫌がいいのだった。チイチイパッパなんて馬鹿にしたことはすっかり忘れている。

デイケアの方も、作業療法士が、自宅を検分に来てくれた。こちらはリハビリ中心なのだが、簡単な体操やお喋りの時間もあって、やはり楽しそうなのだった。

「デイケアのリハビリは厳しいの。病院とは全然ちがうよ。やっと平行棒を歩き終わったと思ったら、車椅子を遠くに置いてあるの。そこまで歩けって言うんだから、まいってしまったよ」

いかにも嬉しげに、厳しいリハビリを語ってくれるのだった。

新人がくると自分の自慢話を延々と喋るじい様もいるらしく、「それがおんなじ話を繰り返すんだから」と、こぼしながら楽しんでいた。顔の表情も、ぼうとしてむっつりした不機嫌が消え、声もはきはきと出るようになり、人間が輪郭を持って戻って来たようだ。

誕生日には、デイサービスでもデイケアでも、にこやかに笑っている写真をとってくれた。ウンチも順調だし、食欲も出た。退院は正解だった、いい方向に向かっていると嬉しかった。

デイサービスもデイケアも、お迎えの時間、帰りの時間は大体決まっていて、必ず一〇分くらい前に予告の電話がくる。夫は、その電話が待ちきれず、二〇分も前から玄関の丸椅子に座っている。お天気のいい日には、車椅子に座って外で待っている。それがいかにも待ち遠しいという表情で、もっと早くにこういう生活をさせてやりたかった、義足作製がスムーズにいけば、九月初めには退院できたのにと、またしてもあの書類の行ったり来たりを口惜しく思うのだった。目だって、早くに治療開始ができたのに。訪問看護では、初日にはあの渡辺さんが来てくれた。

「こんな形で再会するなんて。ご縁って、ありがたいですね」

在宅療養訪問医は同じ〝在宅療養支援・楓の風〟から、宮本先生。二週間に一度来てくれて、それに合わせて、訪問薬剤師が薬を持ってきてくれる。先生は米国の医療事情に詳しいようで、長女が働いている大学病院にも行ったことがあるとのこと、親近感が一気に増した。先生はいつも研修生を連れてきて、そのうちの一人は隣市の市立病院で働いている若い医師だった。

先生には、インフルエンザの予防注射も打ってもらった。私が心配していた右脚のむくみ、皮膚が擦り剝けたように血がにじんでいるのも、大丈夫、心配ないということだった。これは渡辺看護師のアドバイスで、ヘルパーに足浴後ワセリンのようなものを塗るように頼み、きれいになった。血糖値は毎週看護師が計ってくれて、夕方の時間で八八とか、一一五で、これはとてもいい数字なのだそうで、安心した。

在宅介護がうまく回転し出した。眼科通院はあるものの、足の痛みもなく、夜もよく眠り、気分もいい。腎臓内科が後回しになっていることを除くと、わが家がナーシングホームになった。見えない廊下を伝わって医療と介護のサービスが届けられている。

微調整も必要に

ケアプランに沿った日々が静かに、そして確実に過ぎていった。日々の予定が次第に頭に染み込んできて、いちいち手帳を見ることもなく「今日は、デイケアに行く日」「今日は訪問看護師さんの来る日」などと、夫に知らせられるようになった。

退院して一週間ほど経った頃、夫がしきりにマットが硬いという。

「どうも寝にくいし、背中が痛いんだよ」

「古いマットレスがあるから、それを下に敷いてみようか」

夫は、まだ気に入らないような表情だった。

「ま、こんなもんかなあ」

数日後、ケアマネの小山さんが来て驚いた。

「こんなに高くしてしまったら、転落の危険性もあるんです。柔らかいマットもあるんだから、すぐ取り替えるように連絡します」

Y社の大沢さんが、その日のうちに柔らかいものを持ってきて換えてくれた。その迅速さには感謝しつつも、苦情の言葉も出てくる。

「どうして最初に、マットは堅いのと柔らかいのとがあると説明して、どちらがいいかと聞いてくれなかったんですか。本人の身体は退院前カンファレンスで見ているじゃないですか」

カタログをよく見たら、マットの硬さ、柔らかさの記述があり、柔らかいのには、起き上がりなどに不便な場合もあると書いてあった。だから、親切で硬いのを持ってきてくれたのだろうし、私にもよく読んでいなかったという落ち度があった。こちらから問うべきであったのかもしれないが、自分が寝ていないので気づかなかった。

しかし福祉用具専門相談員であるからには、毎日の療養を支えるマットについては、「寝心地はどうですか」と本人に聞いてくれてもよかったのではないか。「福祉用具サービス計画書」によれば、「寝心地が良くマットレス上で動きやすいマットレスを選択」となっていて、良心的に選んでくれていたには違いないのだが……。

ベッドの付属品は、ベッドサイドレール(八二・七センチ)が三本と、スイングアーム介助バー(一一〇・九センチ)の四本であった。介助バーは、ベッドから出入りしやすいようにと、小さなドアのついているもので、使うときに開け、普段は閉めておくものである。ただ、この場合、八二・七センチのサイドレールを嵌めると、小さなドアを開けてもお尻の出入りができない。したがってこの出入り側のサイドレールは、使わずに外したままになっていた。これは彼も見ていたし、私も見ていたことだった……。ベッドの幅も狭いように思えて、もっと落ち着いてから小山さんに相談しようと思った。

退院して半月が過ぎた土曜日、以前から約束していた講演が新潟市であった。その日はデイサービスに送り出してから、東京駅に向かった。デイサービスから帰ってくる頃の時間には、ホームヘルパーが来て、夕飯の食事介助や、服薬、ベッド周りの清掃とベッド・インまで介護してくれることになっている。ホームヘルパー達はデイサービス事業所に所属していて、昼間の夫の様子を伝えてくれるので、同じ事業所に頼んで良かった。

私が帰宅した時、夫はベッドでうとうとしつつテレビを眺めていた。夫婦ともに楽しくて無事な一日であった、私は久しぶりに仕事もした。在宅介護は軌道に乗ったと、喜びが胸に広がった。

第8章　忍び寄ってきた日

ツィゴイネルワイゼン

食べ過ぎた寿司

退院前カンファレンス、わが家でのサービス担当者会議、毎日の規則正しい生活、退院してからは願っていた通りの日々が続いた。私は仕事もし、友人達との会食や会議にも出、筋トレ教室も週二回程度通い、穏やかな日々だった。いろいろな人が来てくれるので、家の中が活気付き、夫婦二人だけだった時の、沈んだような煮詰まった空気が消えて、夫も私も明るくなった。

「他人様幸せ」

他人様の知恵と力をお借りして、幸せを得ていく、若い頃の子育て時代から思っていたことが、今ここでもまた実現していた。

発病以来一番辛かったのは、最初の一年、大学病院入院時の感情の整理がつかない頃だった。先の見通しが立たず、胸は夫への過去の怒りと恨みで重かった。しかし、今は違う。心情も生活も落ち着いた。ケアプランが、生活を支えてくれている。介護の日々にはそれなりの充足感もあり、夫婦はのびやかに朝を迎え、夕べを送った。自然で、当たり前の光景だった。

毎週火曜日には眼科通院があり、その日は午後三時からだった。相変わらず混んでいて、終わったのは六時に近い時間だった。

「帰り、お寿司屋さんに寄ろうか。まだ、お寿司食べていなかったものね。糖尿弁当ばかりでなく、たまにはおいしいものも、いいんじゃない?」

夫は、にっと笑った。

「寿司か。いいなあ」

退院したら食べたい物、蕎麦、焼肉、寿司。寿司が最後になってしまった。途中、餃子が加わった。焼肉には脂身の少ない牛フィレを、一五〇グラム買ってきた。私九〇グラム、夫六〇グラム。しかし、夫は自分の分はすぐ食べてしまって、私のお皿を見ている。

「食べる?」と聞くと、「うん」と嬉しそうに目を細めた。結局、一〇〇グラムくらい食べたのではないだろうか。

「また、買ってきてあげるからね」

他の日のカロリーと按配しながらなので、毎日とはいかない。入院中あれほど食欲がないといい、米飯に牛乳をかけて胃袋に流し込んでいたのは、副食がまずいからだった。調理の工夫でおいしくすれば、ちゃんと食べるのである。食欲は旺盛で、そこだけはゴリラの名誉を保っている。

その日のお寿司の食べ方は、私がよく注意する「弾丸食い」だった。次から次へとガツガツと休みなし。幸い、アジ、イワシ、サバなどが好きなので、身体にはいいものばかりなのだが……。私の倍は食べたのではないだろうか。大粒の牡蠣が四つ入っている澄まし汁も全部たいらげた。こんなにも食べたかったのか、おいしそうに食べている姿を見るのは嬉しかった。入院中よくコンビニ寿司を買っていったのだが、やはり握りたては味が違った。

実は最近、宅配のお弁当も残すことが多くなった。多くの人が「お弁当は飽きる」と言うが、二週間目くらいから、飽きが来ているようだった。メニューや調理法が似たり寄ったりなのだ。他社に替えるなり、なにか工夫しなければならない時期に来ている。

私が社会保障審議会・介護給付費分科会の委員をしていた頃、「調理は介護保険のサービスから外すべし」と強固に主張した委員がいた。さらに「国のカネでメシを作らせていいのか」と多くの人が言い、「僕は毎日弁当でいい」と言った医師もいた。ぜひそうして下さい。大体三カ月で飽きるでしょう。現在でも、生活援助から調理をはずせ、と主張する有識者がいる。自分でやれと言われても、手が震える、目が見えない、刃物への恐怖心、火の心配など、在宅の単身超高齢者はどうやって食と健康を守るのか。

在宅の高齢者に「低栄養」が多いというのは、よく知られていることだ。富裕層にも広がっている。施設に入れば、三食、管理栄養士による献立である。在宅介護、在宅療養を推進しようとする人は、食事、調理の必要性を積極的に発言して欲しい。介護保険でなくても、在宅での食事が施設並みの費用で確保されればいいのである。市の食事サービスを、「税金ですから」ときっぱり断わられた身としては、施設と在宅のサービス格差が広がるような気がしてならない。

久しぶりの美食は、夫をいたく満足させたようだ。

「うまかった。食べ過ぎた」

「私の倍は食べたよね。でも、たまにはいいよ。おいしいもの食べないと、心にも身体にも、力が出ないものね」

翌日は、老人保健施設の通所リハビリの日だった。帰ってくるなり言った。

「腹、下した」

排便はずっと順調なのに……。

「昨日あんなに食べるからよ」

「昼飯にキツネ蕎麦が出たんだけど、それがうまくなかったんだ。変な味がして」

「また蕎麦、おいしくなかったの。その蕎麦に何か良くないものが入っていたんじゃない？他の人はどうなのか電話してみる？」

「いや、いいよ」

「じゃあ、胃薬飲んで、早めに寝よう」

日延べになっていた、私の茹でる蕎麦をはやく食べさせなくちゃ。毎日何やかにやあって、わが家の蕎麦は後回しになっている。今度こそ、「うまい」と言わせてやりたい。

この日は、地元の高校生ボランティアによるバイオリン演奏があり、ツィゴイネルワイゼンを聞いたと言う。

「久しぶりに聞いたなあ。なかなかのものだったよ」

夫は感慨深い様子で言い、私は良かったなあ、ありがたいなあと施設のサービスに感謝した。

その夜は、早々に部屋の電気を消して、私は自室に戻った。一一時頃、就寝前に様子を確認するのが慣わしで、部屋を覗くと、熟睡していた。バイオリンの音に、身をゆだねるようにして。

ベッドから落ちた！

ベッドの危険性

翌朝七時頃、部屋に行ってみると、夫が床の上に掛け布団を敷き、毛布二枚にくるまって寝ていた。驚いて駆け寄った。

「どうしたの？」

「ゆうべ、義足を嵌めたまま寝てしまって。夜中に暑くて、はずそうとしたんだ。そしたらぽんとどこかに飛んで。ベッドの下かなあと覗き込んだら、そのままずるずると落ちてしまった」

「何時頃？」

「三時頃だったかなあ」

「怪我は？　打ち身とか、どこかにぶつけたとかは？」

ずるずると落ちたもので、どたんと床に転落したというものではなさそうだった。身体に異常はないように見えた。

「いやなんでもない。ベッドに這い上がろうとしたんだけど、できなくてさ。寒くなかったから、これでいいやと」

しまった。危機管理ができていなかった。やがては、私もこの部屋で寝ることになるだろうとは思っていたが、緊急コールのことまでは頭が働いていなかった。セコムのコールも、一階にあったのを持ってきてあったのに、何かの用事に気をとられて、ドアノブに引っ掛けてそのままになっていた。携帯で連絡するという約束もできていなく、私の携帯は書斎に置いたままである。

「用心しなくちゃならないことが、たくさんあるねえ。緊急コール必要だったね。それにしても、義足なんて、三軒先に飛んでいくはずもないんだから、朝ゆっくり探せばいいのに」

義足はベッドの下に転がっていた。

さて、夫をベッドに戻そうとしたが、これが重くて持ち上がらない。お尻の下にクッションを入れてみたが、私も腰痛が心配でへっぴり腰だから、効き目がない。そのうちに気づいた。

「なんだ、ベッドを下まで下げればいいんだ」

ベッドには、高さを調節する機能がついているのだった。このあたりのこと、使用者である夫に対して、福祉用具専門相談員はちゃんと説明し、実際の練習をさせてくれていただろうか。それは妻の役目なのだろうか。

ベッドを下まで下げて、夫はベッドに戻り、元の高さに戻して、「矢印」を確認しあった。寝る時は、ベッドを一番下に下げて転落を防止するという人もいるが、夜中トイレに行く時に立ち上がれない。それでベッドを上に上げる。これが事故の原因になることもあるという。私は、夜中ベッドを下に下げるなんて、思いもつかなかった。ベッドの利用には、注意深さが必要だった。

短いベッド柵（サイドレール）を

しばらくベッドに休んで、階段昇降機で一階に下りてきてもらった。熱いタオルで顔を拭いた。食欲も普段通り。

「今日は一日どこにも行かない日で良かったね。ゆっくり寝ていよう。私もずっと家にいるよ。夕方になったら、ホームヘルパーさんがくるから、そしたら筋トレ教室に行くけど」

筋トレ教室は、機械三〇分とエクササイズという簡単なもので、小一時間で帰ってこられる。

二階に夫を送り届けた。ベッドに入った時、夫は言った。

「疲れたなあ」

「そうねえ。めまぐるしい生活だったものね」

少し欲張ったケアプランだったろうか。生活が急激に変わったのだ。予想外の眼科通院。これから寒くなれば、外に出るサービスを減らさなければならないと思った。その後私も朝食、洗面をして、一〇時頃ケアマネの小山さんにメールを送った。

「朝三時頃、ベッドから落ちました。ベッドのサイドレール(柵)、今あるのは八二センチ程度の長さです。カタログに六〇センチくらいのがあるけど、在庫があるか、Y社に聞いて欲しいのです」

ベッドの四点柵、そのうちの右側一本をはずしていた。それをはめると、ベッドの乗り降りができない。病院でもそうしていた。

これをはずしているのは、大沢さんも見ていたが、事故の予想はできなかった。小山さんも私も見ていたが、転落とは結びつけて考えていなかった。むしろ、「柵」は、「拘束」だから……とはずしていることを受容していたように思う。「拘束」と「安全」、この難しい問題は、私のすぐ身近にもあったのだった。

お昼になると、夫は一階に降りてくるはずだ。しかし階段昇降機の音がしないので、部屋に行ってみた。

「どうしたの?」

「お腹空いていない」

「下痢はどうお?」

「だいたい収まった」

「下痢の時は絶食がいいんだけど、落ち着いたんなら、何か柔らかいものでも食べてみる? 肉まんと餡まんがあるけど」

「いいね」

夫の好物で、二つともたいらげ、スープも全部飲んだ。

「今日は例外よ。部屋で食事するようになったら、生活が崩れるから。夜は降りてきてね」

三時頃小山さんから、メールがきた。

「Y社に連絡しました。六〇センチくらいのがあるとのこと。早めに対応するそうです」

また落ちるのではないかと心配だった。これで今夜から安心だ。

春になったらと、希望を

筋肉がついてきた

その日の夕方、ホームヘルパーが来てくれて、私が七時頃筋トレから戻るとちょうど帰るところだった。

「まあ、どうしたんですか。六時半で終わりでしょう？」

「いろいろお話しして楽しかったんです」

「三〇分、オーバーワークじゃないですか。すみませんでしたね」

「食欲がなくて、ご飯は全部召し上がったんですが、おかずは主なものを四分の一くらいで、あとはほとんど残したんです」

「今日は、体調悪くて。疲れてまして」

それでも夫は、三〇分もお喋りを楽しんだのだろうか。

二階に上がってみると、夫がベッドに腰掛けてテレビを観ていた。

「ヘルパーさんとお話しして、楽しかったって？　よかったね」

「うん、まあな」

浮かない顔だった。楽しんだという雰囲気には見えなかった。ベッドから落ちたことは知らせてあったし、食欲もなかったのだから、ベッドに寝かせて、時間通りに帰ってくれた方が良かった。無理して楽しげに振る舞ったのではないだろうか。それとも、夫がもっと居て欲しいと言ったのだろうか。夫はしきりに右腿をさすっていたが、脚を少し持ち上げるようにして言った。

「随分筋肉がついてきたよ。脚が、太くなったみたいだ。退院してまだ三週間なのに、厳しいリハビリだから、効果がすごいね」

「そう？　少し無理かなあと思っていたけど、効き目があったんだ。このまま良くなっていけば、春にはお花見に行けるね」

「そうだなあ」

さすが、根性大好き男だけある、頑張るなあと思いながら、「春になったら」と楽しみが胸に小さく弾んだ。

「食欲がなかったって？　何か果物でも食べる？」

「いやいい。もう寝るよ。テレビ消してくれ」

「そう？　でも、アメリカの野球やっているよ。観なくていいの？」

「いい。電気も消して」

「そう。明日もどこへも行かないのよ。ゆっくり休んでね。ベッド柵、短いのを頼んだからね」

一階に降りて、まず入浴して汗を流し、夕飯をとった。


「すぐ持ってきてください！」


ベッド柵のことはどうなったんだろうと、メールを開いたのは、八時近くになっていた。

大沢さんから夕方の六時三七分にメールがきていた。

「ご自宅に電話したのですが、ご不在で……、商品の入れ替えの訪問日はいつがよろしいでしょうか」とあった。すぐY社に電話した。電話に出た男性は、大沢さんはもう帰宅したという。

「でも今夜からが、不安なんです。また落ちたらどうするんですか。すぐ持ってきてください」

今夜はベッドの側に布団を重ねて置き、転落防止をと思っていたが、短いのがあるのなら、すぐ持ってきて欲しい。

「分かりました。九時半頃になりますが、よろしいでしょうか」

「いいですよ。お願いします」

大沢さんは電話したと言う。確かに不在だった。しかし留守電がある。声を入れておいてくれれば、すぐ気がついてもっと早くに連絡したものを。メールでは時間差が生じることもある。ベッド柵のことで、私がどれほど驚き、不安を抱いているかということへの配慮が足りないのではないか。「今夜、心配でしょうから、家の玄関の前に置いておきます」という親切さも、あっていいのではないか。

玄関のチャイムが鳴った

ほぼ約束の時間に玄関のチャイムが鳴った。

「Y社の山際です」

「すみませんね。待っていたんです」

すぐ二階に向かった。ドアを開けて、電気をつけて、私は驚いて叫んだ。

「どうしたの？　パパ、どうしたの？」

夫が、ベッドに脚を下ろし、柵に掴まって身体を起き上がらせようとした姿勢のまま、口を半開きにして上向きに倒れかかっていた。口の周りやパジャマが、吐いたらしい少しの血で濡れていた。口に手を当ててみたら、息がない。だが、まだ温かい。吐いた血もぬめぬめしている。

「パパ、どうしたの？　どうしたの？　しっかりして」

後ろから山際さんが私を押しのけて、心臓マッサージを始めた。

「救急車を呼んでください！」

一瞬、在宅療養医の宮木先生に連絡するべきかとも思った。このままにして先生を待てば、自然な在宅死となるだろう。それが正解かもしれない。救急車を呼ぶことの是非論は私も知っている。しかし、このまま冷たくなっていくのを見てはいられない。夫は昏睡状態の高齢で、お迎えを待っていた者ではない。蘇生の努力をしたい。

あっと思った。あの起き上がりかけていたような姿勢。あれは玄関のチャイムの音で目が覚めて、反射的に起き上がろうとしたのではないだろうか。その時、何かの力に襲われて、息が止まったのではないか……。玄関のピンポンの音は、二階の夫の部屋でも鳴るようになっている。だったら、たった今なのだ。今ならまだ間に合う。死を待っていることはできない。死なせてはならない。二時間前のあの希望、「春になったら」、そのためにも息を吹き返して。介護関係者にはピンポンを鳴らさないように頼んであったのに、どうしてこの時頼まなかったのだろうか。コンセントをはずしておくという手もあった。これらのことが一瞬頭を駆け巡った。

心臓マッサージを彼に頼んで、私は一階に駆け下り、一一〇番した。「事故ですか」という声がして、一一九番と間違えたと気づいた。昔、父の時もやった。慌ててかけ直した。住所、氏名を告げると、

「五分ほどで着きます。誰か、外にいてください」

私は二階に駆け上がった。

「呼吸、戻りましたか。救急車すぐ来ます」

彼は汗ぐっしょりで、夫の胸を押し続けていたが、首を振った。

なぜこんなことになったのだろう。ベッドから落ちることは、話には聞いていたが、わが身のこととしての危機感がなかった。私の不注意だった。さらにもし玄関のチャイムが鳴らなければ、私が筋トレに行かなければ、夫は朝まで安らかに寝ていたのではないか。善意の音だったのに……。

救急救命室に走った

救急車にて

救急車はすぐに着いた。数人の救急隊員が担架を持って二階に駆け上がった。しばらく処置をしていたが、

「大学病院に運びます。奥さんも来てください」

病院に運ぶということは、蘇生の可能性があるということなのか、素人考えながら希望を持った。山際さんが、後の始末はしておくからと言ってくれて、暗証鍵の使い方を教えた。

「奥さんは、助手席に座って」

車はすぐに動き出した。気がつくと、これまでの病歴をメモしたファイル二冊が入っている袋を、握りしめていた。ハンドバッグも財布も保険証も忘れていた。後部から声がした。

「奥さん、心肺蘇生しますか」

「お願いします！」

「人工呼吸器もつけますか」

「お願いします！　助かることなら、何でもやってください！」

これまで何度も医師と「心肺蘇生はしない」「人工呼吸器もつけない」と約束していたが、それは長い寝たきりや衰弱、老衰、誰が見ても命の最終段階にきている時のことであって、ついさっきまで希望を語っていた人の場合ではない。もし、人工呼吸器をつけて、それが人間の尊厳を傷つけ、苦しめるようならば、私がはずしてあげる。罪に問われ、裁判にかけられてもいい、私が引き受ける。

救急救命室

救急車は夜の街を疾駆して、すぐに大学病院についた。入院していた病院である。玄関で待ち構えていた人達の手で、中に運び込まれた。男性の医師に言った。

「今朝、三時頃ベッドから落ちたんです。それが原因でしょうか」

看護師らしい人に持っていた袋を渡した。

「これまでの病歴です」

しばらくして、誰かに言われた。

「会わせたい人がいたら、呼んでください」

「え、もう駄目なんですか。助からないんですか」

一瞬目がくらんだ。そんなことがあっていいのか。まだ家に帰ってきたばかり、これから快方に向かうはずだったのに。病気に対する私の認識が甘かったのか……無知だったのか……。身体的予備能力がないと言われていたのだから、ケアプランが無理だったろうか。あのまま入院を続けていれば、こんなことにならなかったのではないか……。生かしてやりたい、このまま死なせたくはない、胸が大岩のようなもので押しつぶされそうだった。

携帯も持ってきていなかったので、電話を借りて二女に連絡した。二女夫婦と二人の孫がすぐに来てくれた。それからまたしばらく待たされた。

やがて、処置室のような広い部屋に案内された。高くしたベッドに夫は寝ていた。私は夫の顔の近くに立ち、その横に娘達が並んだ。

さきほどの医師が言った。確か、こんな言葉だった。

「ベッドから落ちたことは、関係がないと認めます」

女性の医師が、夫の頭の所に立ち、細い懐中電灯で目を調べ、掛けてあった布の下に聴診器を入れて、胸を調べた。

「死の三徴候、瞳孔の対光反射、心臓拍動、呼吸停止を認めました」

静かで、落ち着いた、温かみのある声だった。

「一〇月三〇日、午後一一時一四分です」

その時私は、自分でも思いがけない言葉を口走った。

「私なんかと、結婚して、この人も、可哀相に」

結婚以来五六年、さまざまな思いを経て生きてきた私の総決算の言葉だった。こんなわがまま者を妻にして、その妻から恨まれて生きてきて、最後には妻の不注意で息を止めてしまった。八〇歳と一〇日の生涯だった。ツィゴイネルワイゼンに送られたかのように。

家宅捜索

それからかなり長い時間廊下で待たされた。その間、葬儀社の人がきて、どこでどのようにやりたいか、聞いてくれた。

「できるだけこぢんまりとやりたいです。家族と近所の方と夫の友人が少しと。夫も退職して二〇年ですし」

私鉄の駅から近く、近所の方も利用したことのある斎場の名前を挙げた。やり方は、家の宗教は曹洞宗だが、無宗教がいい、できるだけたくさんきれいな春のお花を飾って、お花葬にしてあげたい。春を待てなかった人のために。傍にいた二女もうなずいていた。

遺体は、今夜はここにいて、明朝、検死されるという。救急車をお願いした以上、覚悟していたことだった。この病院の先生か、横浜にいる監察医かどちらかになる、横浜になったら、交通費が余分にかかるという説明があって、バインダーに挟んだ書類を渡された。

そこには、「検案」か「解剖」か、希望する欄があった。どちらにしようかと迷っていると、その人が言ってくれた。

「これまでたくさん痛い手術を受けてきたんだから、これ以上身体を傷つけないで。「検案」でいいんじゃないですか」

その通りだと思って、そちらに○をつけた。

「検死後のご遺体は、自宅にお帰りですか。葬儀社の方でお預かりしますか」

少し考えて、二階まで運ぶのが大変だと、預かってもらうことにした。またしばらく待たされた。やがて、警察官らがきて、言った。

「これからお宅へ行って、調べさせていただきます」

これも覚悟していたことだった。救急車で運んで死亡した時には検死や警察の取調べがあると。事件性を疑われているのだった。

刑事と鑑識、巡査二名、四人がわが家にやってきた。時刻はもう午前二時を過ぎていた。

四人とも非常に優しくて、親切だった。

「犯罪性があるなんて、僕らも思っていません。でも仕事ですから、調べさせてもらいますよ」

家の間取り、夫の部屋、発見した時の様子。鑑識は写真を取り続けている。

「預金通帳を全部見せてください」

これもカメラに。他にもたくさんの書類、ホームヘルパーの記録とかも写真にとった。

「生命保険は?」

「入ってくれていませんでした」

この後、六三万円という少額が一本あったのだが、その時はすっかり忘れていた。朝四時半頃、彼らは引き上げていった。その時、巡査の一人が言ってくれた。

「奥さん一人になるから、くれぐれも用心してください。僕達もこの付近を、重点的にパトロールします。その時は、このブルーのカードをポストに入れておきますから、安心してください」

それから何日かおきに、ブルーのカードがポストに入るようになった。いつも「異状は認められませんでした」の項目にチェックがついている。時刻を見ると、たいていが午前三時とか四時の真夜中だ。時には、「寒い日が続いているので、風邪をひかないように気をつけてください」と添え書きもされている。この優しさに胸が温かいもので満たされる。これはその後も現在まで続き、二月にはバレンタイン・チョコを送ったら、三月のホワイトデイにお返しがきた。

そしてまたこの夜、四人もの人が朝までたとえ家宅捜索とはいえ、わが家にいてくれたということ、これはどれほど私にとって心強かったことだろう。救急車を呼ぶと後が大変だと聞いていたが、私にとっては大きな支えであり、励ましでもあった。

後に、大学病院から請求書がきた。国から出た費用は約一五万九〇〇〇円。私の自己負担はその一割で一万五九〇〇円だった。また国の医療費を無駄使いしてしまった。救急車や警察官達の費用も請求こそないけれど、かなりの費用になったはずだ。「税金です」というあの強い一言を思い出して、身が縮む思いだ。

しかし私は、救急車を呼び、心肺蘇生をお願いしたことを後悔はしていない。なんとしても救いたかった。関係者の努力に心から感謝し、この市の住民で良かったと思っている。

（ベッドから落ちたことについては、消費者庁関係者から「ベッドの事故報告が非常に多い。Y社から市の介護保険課に事故報告を出してもらうように」というアドバイスを受けて、提出してもらった。）

第９章　半世紀の夫婦の幕が閉じて

死因は急性心不全

運命として……

警察官達が引き上げた後、明け方五時頃から二時間ほどうとうとして、七時にはパソコンの前に座った。何よりも真っ先にケアマネの小山さんに知らせて、各サービス関係者に、停止をお願いしてもらわなければならない。やっと態勢が整ってきて、みんなが慣れてきた時に……、私も無念で悔しいが、みんなもどれほど驚き、残念がることだろう。

次いで、仕事関係。その日引き受けていたシンポジウムの司会の交代をお願いし、約束してあった講演のレジュメを送信した。他にもいくつかの仕事先と友人や知人などに知らせた。

娘からメールがきて、警察から電話が二度あったという。一度目は、大学病院の先生の都合がつかず、横浜の監察医のもとに運ぶという連絡、二度目はその先生が朝一番に診てくださって、死因は〝急性心不全〟という診断、ということだった。

しかしなぜ、急性心不全だったのだろうか。なぜ、夫は半ば起き上がるような姿勢で息を止めていたのだろうか。あのピンポンではないのか。昨夜も思ったことが、今改めて「急性心不全」という言葉を聞くと、素人判断と思いつつ、あれさえなければ……、とまたしても思う。「ごめんなさい！　許して！」そう思った瞬間、涙が吹き出して声を上げて泣いた。死んだって、絶対に泣かないと思っていた過去もあるというのに。

六〇センチのベッド柵が、はじめからあれば……。気がつかなかったのは、私の落ち度、私の不注意で夫は死んだのだ。これが夫の運命だったのか。不出来な女を女房にして……。治ると信じていたというのに……。申し訳ない思いで涙が止まらなかった。電話が鳴った。

「葬儀社ですが、検死が終わって、ご遺体はこちらに向かっております。間もなく到着しますが、お会いに来られますか」

「行きます。一〇時半頃には行けると思います」

夫には、語らねばならないことがあるのだ。

仏様のようなお顔に

夫は六畳ほどの和室で、柔らかな布団にくるまれて眠っていた。お線香の香りが、静けさを一層深いものにしている。

「まあ、なんという穏やかなお顔」

これまで見たことのない穏やかさ。温かい微笑みを湛え、慈愛に満ち、仏様のような顔だった。

「いろいろな苦しみから解放されて、本来の自分の顔に戻ったんですね」係員はちょっと会釈すると、「ごゆっくりなさってください。この綿棒で唇を濡らしてあげてください」と言って、部屋を出ていった。

中年から晩年にかけてのあの苛々して、刺々した顔、時には醜い夜叉のようだと思った顔。それらが跡形もなく消えた。「苦しみからの解放」、それは病気のみならず、私との結婚の初めからの苦しみ、この世の忌まわしいもの全てからの、解放ではなかったろうか。

夫に語りかけた。

「昨夜病院で、思わず口を衝いた言葉、「私なんかと結婚して、可哀相に」、あれは、ずっと抱いてきた気持ちなのよ。あなたは顔が歪むほどに苦しい人生だったのね。私のせいだよね。本当にごめんね。ベッド柵のこともね。せっかく筋肉がついて、春を楽しみにしていたのに」

ふたたび涙があふれて、思わず夫の頰に手を触れた。夫の肌に触ったのは、二十数年ぶりのことだ。結婚生活五六年のうち、半分近くは肌も触れ合わず、寝室にはしんばり棒をかけていた。

私は、夫はゴリラのように頑健なんだから、こちらが先にあの世に行くと思っていた。病気になってからも、やがて回復して、元気に長生きすると思っていた。医師が危機的状況であることを語っていても、「お医者さんは重度に言うから」と割り引いて聞いていた。

私には死ぬ時、夫に言わねばならない言葉がある。全身の力を振り絞って、結婚以来、胸に溜めていた言葉を言わねばならないと思って生きてきた。それが、こんなにあっけなく先に逝ってしまって。口惜しいことに、もう言葉は耳にも胸にも届かない。
けれど、私は語らねばならない。

結婚以来の思いを

結婚披露宴直後の怒声

「私たち、北海道十勝平野の池田高校の卒業生なんだよね。北大に入ってから付き合い始めて、結婚した時はあんたが二四歳、私が二〇歳だったね。はたちの花嫁、しかも学生結婚。周囲の人はみんな熱烈な恋愛結婚だって言ったし、私もあえて否定はしなかったけどさ、内実はそんな甘いもんじゃゃなかったさね」

その頃、父は長い結核の療養生活を終えて、国鉄に復職したばかりだった。母はその間の過労がもとで、脳内出血で倒れて半身不随。脚を切断した姉は、義足に当たる部分が血まみれになって苦しみ、その部分がタコのように固まってようやく義足に慣れた。日常の家事はできたが、知的障害は改善しなかった。敗戦後の貧しさと病に直撃された家族、この三人を抱えて生きていかねばならない、それが私の大学進学の目的だった。教員か公務員になるのが希望だった。

夫もまた、敗戦直後に樺太から引き上げてきた。父親はシベリアに抑留され、母親は小学校五年生だった夫を頭に五人の子どもを抱えて、帰国した。義母の苦労は悲惨なものだったのに、夫は両親や弟妹を嫌い、批判した。なぜなのか、夫の心の闇は、ついに理解できなかった。

「貧しい家の者同士の結婚だったさ。あんたは学部卒業後、いったん東京の会社に就職したのに、大学院に入ると札幌に戻ってきた。その時言ったさね。結婚しよう、長男だけど沖藤の姓を名乗るよ。あなたの家の事情は分かっている、新しい家庭を作ろう、家事も子育ても平等にやろうって。その言葉は新鮮で、励ましに満ちていたよね」

私は夫の顔を見つめ、唇を綿棒で濡らした。水がすっと喉に入っていった。どんどん北海道のなまりになっていく。

「私の姓を名乗ってくれるというからさ、どれほど嬉しかったか。心から感謝したよ。これが最初のボタンの掛け違いだったねえ。最大の罪は、自分が背負うべき家族の重荷を、あんたに肩代わりしてもらえると思ったことださ。その重い罰を受けて、生きてきたよ。あんたが嘘をついたとは思わない。あれはあん時のあんたの真実だった。でもさ、言葉に実が追いつかなくて、口先だけになったね。あんたのことを一番尊敬する先輩と言ってくれる人もいるんだから、あんたは立派な人格の人だったんだと思うよ。でもさ、私や、私の実家には、冷淡で非情だった。私は底意地悪くあんたを見ていたんだよ。人の弱みに付け込んだってね」

もう口を利けなくなった人に酷い言葉。生きている間に言っておくべき言葉……。でも私が死ぬ時には必ず言おうと思っていた胸の中を、語らねばならない。

「プロポーズされて、悩んだよ。二〇歳の未熟な田舎娘が、これが恋愛なのかと思いつつ、不安から逃れるために結婚していいものか。北一条にあった教会に祈りにも行ったけど……、結局私は、あんたの言葉にすがったんだね。父は喜んださ。古い家制度意識の人だから、姓の継承ができたと安心したんだねえ。男が姓を変えるのならば、学生時代の方がいいという意見で、学生結婚さ。私は大学二年生だったんよ。この五〇年思ってきたよ。姓のことなんか持ち出さないで、自分の金で大学院に行き、卒業してから結婚を申し込むのが、礼儀というものだったんじゃないのかって。私もあなたに対して非礼だった。不純だった。自分の心をよく確かめて、納得すべきだった。父は姓のことなんて、どうでもよかったと、後に言ったけど、本当だったろうか。父に喜ばれたい一心で、結婚したんだよ、私。私は人生の最後に、このことを謝りたいとずっと思ってきたよ。親バナレができていない愚かな娘だった。それがあなたを苛々させた」

その上、私達の結婚は最初から、他人に罵倒されたものだった。結婚披露宴を終えて休んでいた部屋に、夫の高校時代の担任教師が、泥酔して怒鳴り込んできたのである。

「お前それでも男か。長男のくせに養子なんかにいくか！ってね。あんたは拳を握り締めて泣き、父も泣き、母も泣き、私も泣いたさ。あの教師は生涯許さない。もう亡くなったけど」

涙から始まった結婚生活。この一件は、私の心に拭いがたい染みをすりつけ、生涯消えなかった。あれさえなければ、私達は違う夫婦になれたと、何度思ったことだろう。

「結婚初日の怒鳴り声、あれが、私達の桎梏の種になったんだよ。私への天罰だったさ」

夫は、いろんな人から〝長男のくせに養子なんか〟と言われ続けた。どれほど口惜しい思いで、辛い思いで生きてきたことだろう。

「あんたの目から見てどうだったかは分からないけど、私はいつも負い目を感じて、遠慮していた。心を話すことができなくなった。家を探した時も、自分の交通の便より、あんたの便利さを優先させた。あんたの機嫌のいいことをいつも願っていたさ。だけどあんたは沖藤の姓を嫌い、私を嫌い、家族を嫌った。家族の行事はいつも仏頂面で結局喧嘩だよ。何よりも結婚記念日を嫌ったさね」

ある時、私が三〇代半ばの会社員で、二女が四歳の頃、たまには結婚記念パーティをやろうと提案した。夫も早く帰ると約束していたのに、結局帰ってきたのは午前様だった。一本の電話もなく泥酔していた。そのことを詰った私を突き飛ばして転ばせ、小指を骨折させた。

「あれが、家庭内暴力の始まりだったね。思えば結婚記念日なんて、あんたにはくそくらえだった。曲がってしまった小指見るかい？　言ったことないから、知らなかったっしょ」

私は思ってきた。あんたも辛かっただろうけど、私も辛かったと。

「あんたが沖藤を名乗ると言わなければ、結婚はしなかったよ。その程度に私は愚かで、世間を知らなかった、自立心がなかったさ」

私達が従ったのは、民法七五〇条「夫婦は、婚姻の際に定めるところに従い、夫又は妻の氏を称する」だった。これは養子縁組とは違い、どちらの姓を名乗ってもいいというだけのものだった。浅はかにも私は、今後妻の姓を名乗る人が増えると思った。

ある時、履歴書を出すことになった。「戸籍の筆頭者」の欄に、妻である私の名前を書かねばならないと言われ、「あんたの名前、書くんだなあ」と憮然とした声で言った。

妻の姓を名乗る男性は、増えなかった。あれから半世紀以上が経っても、わずか三〜四％だという。最近では戸籍上では夫の姓にして、日常の活動は旧姓を使うケースが非常に増えた。一時期は〝選択的夫婦別姓〟を制度化するという動きもあったが、いつの間にか消えた。民主党政権時代の二〇一〇年、民法および戸籍法改正案を審議したが、閣議決定には至らなかった。夫婦別姓を認めない民法の規定が、憲法違反かどうかの裁判は、「合憲」とされた(二〇一三年。東京地裁)。国連人権委員会では、日本の政府に対して、選択的夫婦別氏制度の採用などを含んだ民法改正を二〇一一年までにと要請しているが、無視された。(この後、二〇一五年二月、最高裁が夫婦別姓などについて、憲法判断をすることになったと報道された。一五人の裁判官による大法廷(裁判長・寺田逸郎長官)で、審理することを決めた。)

生木を裂かれるようにして

「大学院を卒業したら、あんたは、東京の会社に就職を決めた。その驚きと嘆きは、今も忘れられないよ。騙されたと思って、胸が凍えた……。私達親子の希望はね、あんただって知っていたでしょ。父が退職金を前借りして建ててくれた札幌の発寒《はっさむ》の家でさ、ストーブを囲んで親夫婦、娘夫婦、子ども達、脚の悪い姉がいて。あんたは札幌で働き、私も働く。私の進学のために後まわしになってしまった姉のために何かしなければならないと思ってきた。その夢のためには、骨身を惜しまない。娘盛りの夢もあきらめた。それなのにあんたは希望を握りつぶした。あんたにはあんたの希望、野心があったと思うよ。それが私の願っていた未来を踏みにじった。結局姉には何もしてやれなく、その傷ついた思いのために、私は彼女から逃げた。願いを無視された。これが私の生涯の怒りであり、恨みだったよ。あんたは、洗面器一杯の血を吐いた父を知らないし、半身不随になった腕を嚙んで泣いた母も知らないからね。これが第二のボタンの掛け違いさねぇ」

私の卒業半年前に、長女が生まれていた。

「東京に行くなんて、約束が違ったさ。父は怒り、母は泣き崩れたよ。私もさ。あの教師の怒声を思い出すと一言もいえず、発寒の雪の中を転がりまわって泣いたよ。長女を両親に預けて私も上京することにしたんだけど、それを友人に非難されてね、あの時は農学部の横の雪だまりに身を投げて、身をよじって泣いた。本当に生木を裂かれるとは、このことだと思ったさ。あんたとの結婚は、泣いた記憶ばかり。新しい家庭、夫婦の協力なんてどこ探したってないじゃない。私の親への思い、親の私への愛、そこに付け入って、父や私を利用し、私の喜びそうな言葉を吐いた。ずっとそう思ってきたよ。あんたは、そのような私に育てた親は酷いと言ったよね。親バナレしていないって。それのどこがいけないの？　私は親が大事だったのよ。私は失望し、悔しくて、空洞の胸を抱えて生きてきたようなもんよ。確かに親バナレができていなかったのさ」

悩みに悩んだ末、夫との上京を決めた私に、教授は就職先を紹介してくれた。私も働こう。お金を貯めて父と母を引き取れる家を建てよう。これがその時の決心だった。しかし、その会社での最初の数年もまた、泣いた記憶ばかりだ。自分の無能さに、娘のことを言われる悔しさに……。

「あんたも東京の会社に就職してから、沖藤の姓ではずいぶんいやな思いをしたと思うよ。酒を飲むのも、酒が好きで強い体質の他に、私の何もかにもが気に入らなかったからだね。やっと東京に引き取った長女の顔だって、見たくなかったのさ。保育園の送迎をして欲しいと、車の運転免許を取るよう頼んだ時、家族のための運転手になるのはいやだって言ったよね」

やがて、願いむなしく母が亡くなり、父が上京してきて、それでも私の一生の中で一番幸せと思える四年があった。しかし夫に札幌への転勤辞令が出て、単身赴任した。その直後父がガンを発病して、間もなく亡くなった。私は「札幌に来てくれ」と言う夫の懇願に負けて、一五年勤めた会社を辞めて、札幌に戻った。かつて泣きながら東京に出てきて、こんどもまた泣きながら会社を辞め、札幌に戻った。多くの人から、どうして辞めたの？　と聞かれたし、中には「あなたには意志というものがあるんですか」と厳しい手紙を寄越した人もいたが、誰にも私の本当の気持ちは言わなかった。

「その理由はね、ただ一つ。あの夜「長男のくせに養子なんかに」と言われた男へのお詫びだったんだよ。沖藤の姓のために苦しんだ人への礼儀だと思ったからさ。それとね、家族をもう一度やり直したい、仕事を辞めて、家庭を中心にしようと願ったのさ」

しかし、夫の酒癖は収まらなかった。そこになんという運命のふしぎだろう。退職の事情を同人雑誌に書いていた原稿が、思わぬ形で本になった。『女が職場を去る日』(新潮社)は、ベストセラーになり、テレビドラマにもなった。それが、私の人生の転機となり、今日に続くことになった。札幌生活六年で、東京に戻してもらえたことも幸運となった。

「あんたと結婚したことが幸福だったか、不幸だったか、いい旦那さんだって、多くの人に言われたよ。ある人は幸福だったと言ってくれたさ。私もそう思うよ。二人の娘の父親でもあるしね。私が仕事をすることについては、口出しはしなかったね。あの時代には珍しかった。ありがたいと思ってきたよ。でもNHKの出演から帰宅した私を、無言で睨みつけたこともあったさね。本の出版も無視し続けたね。今の私には、まだ人生の決算はできていないよ。でも、いい妻ではなかった、あんたにはいつも非難の視線を向け、いつも恨んでいた。はっきり言ってあんたを嫌っていた。あんたの大事な会社もある理由で嫌っていた。二つの割れ鍋に、閉じる蓋はなかったさね。でも私は、温かさや優しさ、笑いあう夫婦、子ども達と遊ぶ生活が欲しくてね」

最近では〝卒婚〟と言うのだそうだが、単なる同居人になってからも、それでも朝晩の挨拶はしていたし、テレビを見ての会話もあったし、夕食も一緒にしたたし、車に乗って買い物にも行き、海外旅行もした。一見普通の穏やかな夫婦だった。

話すことはまだまだあった。私には年金の配偶者加給金がついていない。六〇歳の時点で離婚していたからだった。夫の実家からの暴言が原因だった。「離婚しよう。俺が出て行く」と言った言葉も、やはり実がなかった。年金には、年金法上の妻と民法上の妻と両方があるとは、相談した女性弁護士も離婚専門なのに、知らなかった。「経済的損失はどうでしょうか」という問いに、「飛行機のファーストクラスの割引がないくらいよ」と答えたのだった。六〇歳で配偶者加給金がついていれば、離婚してもそれを失うことはない。民法上の妻の権利なのだ。年金法上の妻には、これは付加されないが、しかし生計を同一にしていたという証明があれば、遺族年金はもらえる。離婚による配偶者加給金の損失、月一万円余、二五年間として、何百万円になるだろうか。恐ろしくて計算できない。あと一年の辛抱だったのに。なんという無知、愚かな私。軽薄で無責任な弁護士。ここでもまた、すぐ人を信用する愚かさによって打ちのめされた。

「あんたにはこのこと言わなかったね。言っても、どうしょうもないからね。三年で復縁したけど、年金は戻らなかったさ。たとえ弁護士の言うことであっても、自分で調べなければならないって、痛い代償を払って教えられたよ」

問題の根は、自分の力で突き進むべきことを、夫に頼り、それがかなえられなかったと、一生恨んだことだ。

「だからさ、私みたいなはんかくさい女と結婚して、ほんとうに可哀相だったよ。あんたも私が、恨み続けていたことを知っていたね。私は、恨み続けられているあんたの胸の内を、思うことはなかったよ。すべては意志薄弱で利己的だった私の罪だったさ」

私に恨み続けられた夫。その夫は、沖藤の姓を嫌い、妻や家族を嫌って、苦しんで生きた。

「あの世では、生まれた時の自分の姓に戻って、穏やかな顔で静かに暮らして。じゃあ、ゆっくりとお休みね」
もう一時間以上が過ぎていた。私は、合掌して部屋を出た。

葬儀を終えて

散骨にするか

お花に囲まれた無宗教の葬儀は、会社や大学時代の多くの友人達にも囲まれたものだった。大学の寮歌「都ぞ弥生」も歌ってもらった。告別式の後、多くの友人に担がれて棺が車に納められた時、しみじみ思った。

「大好きな人達に運んでもらって、良かったね」

夫は骨になって家に帰ってきた。突然入院し、突然息が止まって、不幸な男は慌しく人生を終えた。大酒を飲むだけ飲んで、激痛に苦しみ、手術の恐怖に耐え、突然希望を断たれて……。

決めなければならないことがあった。沖藤の墓に入れるか、散骨にするか。

墓は、母が亡くなった時、富士山の麓の霊園を買った。父の希望で「沖藤家」と記されており、そこには父も入っている。私が二八歳の時に買ったものだった。若い頃は何の疑問もなく、私達夫婦もそこに入るものと思っていた。ところがある時、夫は言ったのだった。確か、お墓がテーマのテレビを見ている時だった。

「俺の骨は、どっかその辺にばら撒いてくれていいからな」

「じゃあ、バンカーに撒いてあげる。呪いのバンカーと言われて、ボールが出てこないの」

もちろん、そんなことは法律で禁じられているし、その時は冗談だった。しかし、よく考えてみると、あの時は真実の希望を述べたのではないだろうか。

私は無精者で、日々仏壇にお参りすることはなかったが、正月三が日だけは、仏前、神前にお雑煮と若水をお供えして、家族全員で拝むのが習慣だった。しかし、いつ頃からか、もう思い出すこともできないくらい前から、夫はお参りを拒むようになった。その背中はこう言っていた。

「沖藤を名乗っただけで、養子に入ったわけではないんだから、沖藤の仏壇は拝みたくない」

お墓参りもそうだった。誘えばしぶしぶのようについてきた。ただ一回だけ、三〇年くらい前「沖藤のおじいちゃんにお参りしたい。連れて行ってくれ」と言ったことがあった。夫は六〇過ぎまで運転免許を取っていなかったから、私に運転させて。

その時はお墓参りの後、「ありがとう。これですっきりした」と言ったが、その内容が何かは言わなかったし、私も聞かなかった。ただ、夫が私の父に非常に感謝してくれているということは、ありがたく思っていた。「おじいちゃんになったら、沖藤のおじいちゃんのようになりたいと思っていたんだよ」と、保育園の送迎を手伝ってくれた時に、そう言った。

でも、それも何年も前の話で、最近では仏壇もいや、お墓もいやなのだ。戒名も位牌もお坊さんも、希望していなかったのではないだろうか。それらが「ばら撒いてくれ」という言葉になったのではないかと思う。沖藤の家のことはもうたくさんだと。

「散骨しよう。やっぱりそれが希望だったんだ」

姓を名乗っただけで、沖藤家の宗教で葬られ、沖藤家の墓に入るのは迷惑なことなのだ。あの世では、生まれた時の姓で、誰に何を言われることなく過ごし、酒も飲まない日々を送って。

さらに思った。沖藤の墓は、やがて〝墓じまい〟にしよう。姓とか、仏壇とか、墓とか、家にまつわることは私の代で終わり。もうこりごりだ。

民法七五〇条で、妻の姓を名乗った夫は、この問題をどのように解決しているのだろうか。

葬儀の後、夫の会社の方が自宅にお参りに来てくださった。写真を見て、

「お家では、こんな穏やかな顔だったんですね。会社では厳しかったですよ。忘れられないのは、「一つの間違いがあるかどうかは、天と地ほど違う」って、叱られたことですよ。私は一生、この言葉を守ってきましたね」

夫が会社では尊敬されていた人物であったことは、葬儀の時にもたくさん聞かされていた。立派な仕事人であったことは、私も嬉しい。話が散骨になった時、彼は、強い口調で言った。

「自分を生んでくれた両親の墓に入って、一緒に土になるのが、自然ではないですか」

私の家の事情を話す必要もないので、「そうでしょうか……」と口を濁しておいたが、じゃあ妻はどうなんだと思った。妻の中には夫の家の墓には入りたくない、実家の墓に入りたいという人もいる。もし彼の妻がそう言ったら、彼はどう答えるのだろう。

散骨は慌てて実行しなくてもいい。骨壺は、私の書斎隣の応接間に祭られて、毎朝、「オッス」と挨拶されている。二階の書斎に置いてあげたいのだが、今でも、部屋のドアがバンと開いて、階段をミシミシさせて降りてくる空耳から解放されず、二階に持っていく気持ちになれずにいる。

死は、胸の荒野をあの世に持っていくのか

私は知った。夫は死によって、私の胸の中の荒れていたもの、荒廃していたものを、全部あの世に持っていってくれたと。

夫が発病し、毎日の見舞いとストレスにいた頃は、怒りと恨みばかりを思い出していた。老妻の介護記録などを読むと、みんななんて良妻ぶったことを書くのだろうとふしぎだった。

しかし、夫が亡くなってみると、怒ったり、恨んだりした思い出はさっと遠のいていった。胸の中で荒れ狂っていた激情が、あっと言う間に消えた。そこには清らかな雪に包まれ、楽しかった思い出がキラキラ光っているようだ。死は、苦しい思い出をあの世に持っていき、楽しい思い出、美しい思い出を残していってくれるものなのだろうか。ボタンを正しい位置に戻してくれるのだろうか。だから、老妻は過去の怨念や確執を忘れて、過去の思いのすべてを野の花に変え、感謝の言葉に昇華させてしまうのだろう。それ故に老妻は、介護の葛藤や苦しみを語らぬ無告の民になるのではないだろうか。これは私ばかりではなく、多くの老妻が感じるもののようだ。

夫婦とはなんとふしぎで、死とはこれほどに心を清めてくれるものなのだろうか。

エピローグ　永遠の不在

空気の密度と体温

一人になってしみじみ思ったことがあった。夫の死とは、なんという淋しさだろうと。

夫が在職中の時も、定年退職してからも、長い間、夜はほとんど自分の部屋にこもっていて一人だった。入院中も一人だった。二女が留学で欧州に行った時は、更年期と重なって、孤独感のあまり畳を転げ回って泣いたが、その時以来、一人でいることに特別の淋しさを感じることもなくなった。

それなのに、この淋しさはいったいどういうわけだろう。

「ホットハットの法則」というのが、共働きママの間で語られたことがあった。急いで帰ってくる、玄関の電気がついていない！「ほっとする」。電気がついている、「はっとする」。はっとしたまま台所に駆け込む。この法則からは、古女房になっても逃れられなかった。夫が入院してやっと、ご飯支度、階段ミシミシの催促から解放されて、気楽でいいなあと解放感に浸ったのだ。

「もうホットもハットもしなくていい。一人っていいもんだ。何時に帰ってもいい、急いでエプロンしなくてもいい、自由だ！」

しかし、夫がこの世にいなくなってからというもの、この晴れ晴れとした自由は、なぜか輝きを失ってしまった。同じ「一人」でも、相手が生きている一人と、生きていない一人とでは、こうも違うものなのだろうか。友人も同じことを言った。

「入院中も一人だったけど、でも行けば会えたよね。たいした会話がなくてもね。死なれた一人は、孤独感きついわ」

夫の死によって、私もようやくそのことに気がついた。

「永遠の不在って、重いものだ」

よく古女房達は、「夫婦なんて空気のようなものよ」と言う。私もそうだった。しかし、配偶者が生きている「空気」と、生きていない「空気」とは、何かが違う。何かとは何か、よく分からないが、密度のようなものの違いを感じる。空気が薄いのである。

夫を特別養護老人ホームに入れた人は、こう言っている。

「もう一つの体温が失われたような感じです」

彼女の場合、夫はまだこの世にいるというのに、こうも肌寒いものなのかと実感したという。私も、もう一つの体温が奪われた、という気がする。

空気の薄さと体温の喪失。残された者はこれに慣れていかなければならない。四〇代で夫を亡くした友人は、こう注意してくれた。

「身体が落ち着くのに、一年はかかるわよ。私、夫が亡くなった途端、生理が止まってしまった。四九日、七五日、半年とだんだん元に戻ってくるのよ」

彼女は政治論争をすると、「生かしておけない。ヒモか、刃物か」と思うほどに激高したが、夫の病死には、大きな打撃を受けた。私も、二女に叱られるほど悪口や愚痴をこぼしてきたというのに、この不在は重くて息苦しい。多分、一年はこの状態かもしれない。「メリーウィドウ」とか「花咲く女やもめ」とかいうけれど、そんな日ははるか彼方のような気がする。

最後のプレゼント

多くの人から言われた言葉がある。

「お家に連れて帰って、本当に良かったですね」

しかし私自身は、家に連れ帰ったからこそ、命を縮めたのではないか、ケアプランが過重だったのではないか……、病院にいればもっと生きられた……、あのピンポンのせいではないか、などの思いから抜けきれずにいた。

最近、循環器専門の医師と話し合う機会があった。

「心臓の苦しい人は、前かがみになっている方が楽なんです。旦那さんもそういう姿勢になりたくて、起き上がったんじゃないですか。その結果、何かが起こり、その前後にチャイムが鳴ったということで、音が原因ではないでしょうね。あまり自分を責めない方がいいですよ」

そうなのか……、こういう偶然もあったのか。むしろチャイムのおかげで、異変にすぐ気づいたということか。別の医師は、死の恐怖もなく、苦しみもなく、あっと言う間のことだったと思うと言ってくれた。

自分の部屋でゴルフのトロフィーや優勝カップを眺め、自由にテレビを見、友人達と好きな時間に電話しあい、おいしいものも食べて、ウンチも毎日順調で、介護施設でも大切にされ、顔つきもわずかな期間にしっかりしてきて、人間の顔に戻った日々だった。

人間の命の質という点からすれば、家に連れて帰ってきて良かった。もっと早くに連れて帰りたかった。自宅での介護は思ったほど辛くはなかった。自信はなかったし、前述のように「覚悟も愛」もイマイチだったけれど、夫が目に見えて元気になっていき、うまいうまいと食事をする姿を見るのは嬉しかった。励みにもなった。長くなれば不満が沸騰するかもしれないけれど、ぎりぎりまで頑張ろうと思っていたし、頑張れると思っていた。

悔しいのは、その思いを突然断ち切られたことだった。たった二二日間で、未来を失ったことだ。希望を語り合った二時間後だったことだ。もっともっと車椅子を押して、あちこち行きたかった。ベッドからのずり落ちも、ベッド柵も、ピンポンもすべてが、結局は私のせい、誰のせいでもない、私の不始末だと思うと、気持ちが沈んで、胸が痛くて、精神安定剤を離せない状況が続いている。

しかし二人の医師の言葉で元気が出た。これが運命だったのだ。自分を責めないようにしよう。こう言って慰めてくれた人もいた。

「旦那さんが二二日間で逝ってしまったのは口惜しいだろうけど、もし介護が長くなってごらん。あなたが倒れるし、不満が出てくるのよ。二二日間だったから良かったのよ。本人も喜んで、いい思い出をあなたに残してくれて、ちょうどいい期間だった。これはね、旦那さんからのあなたへのプレゼントだったのよ」

「しかも旦那さんは、苦しまなかったね。長いこと痛みで苦しんで逝く人もいるし、突然別れてしまう人もいるんだから、二二日間いい顔をみせて、言葉はなかったかもしれないけど別れの挨拶をして逝ったのよ。奥さん孝行よ」

私へのプレゼント。奥さん孝行。海外旅行のお土産以外は、誕生祝いも何も、ハンカチ一枚、結婚指輪すらプレゼントしたことのない妻への、最初にして最後のプレゼント。亡くなった後のあの穏やかで優しい顔、あれは私にプレゼントを渡したという、喜びの表情だったのだろうか。

「私はね、あんた、こんなプレゼントなんか欲しくなかったよ。この病気をきっかけに、人生最後の夫婦の日々があると願っていたからさ。ベトナム旅行だって、沙汰止みのままなんだし。また機嫌が悪くなるかもしれないけど、なんたってあたしゃ懲りない古女房なんだから。まだまだいろんな歳月があったというのに、欲しくもないプレゼントなんか寄越してさあ。まったくどこまでピントはずれで、身勝手なんだか。でもね、私は、この不在の重みに耐えながら、胸の中の美しいものを探して、生きていくよ。どうして、涙なんかにじんでくるのさ。まったく」

死は胸の荒野をあの世に持っていってくれた上に、その後機嫌のいい夫として夢の中に戻してくれるようになった。生存中は夫の夢など見た記憶もないが、夢に現れる夫はいつもにこやかだ。「あら、パパが笑っている」と、私は嬉しくて胸が温いもので満たされる。

最近すばらしい言葉に出合った。

「いい思い出だけが残ること、それを成仏と言うんです」(橋本峰雄。鷲田清一「折々のことば」『朝日新聞』二〇一五年六月四日)。ありがたいお言葉である。

四月に、私は写真を持って、ベトナムのハノイに行ってきた。新しい国際空港が二カ月前に開業し、夫が勤めていた会社の大きな看板が二枚並んで立っていた。多大な技術協力があったと現地のガイドさんが言っていた。夫が見たらどんなに喜び、我が業績のように自慢したことだろう。

「見せてやりたかった」

ハノイ郊外の晴れ渡った空に向かって、私はそう呟いていた。

(了)

あとがき

最近、多くの方の介護手記を読む機会があって、一〇年、二〇年と長期の介護をしている方が非常に多いと知りました。とくに認知症の介護をしている方の困難には、胸の痛くなる思いです。現代は、介護の長期化、病気の重複化、介護内容の多様化など、介護の困難化が進んでいると実感しました。

それに比べれば、私なんか、本文にも述べたように、約五〇〇日の入院と二二日間の在宅介護です。介護したうちに入りません。長いご苦労の方々に、顔向けできない思いです。

でも、この記録を出したいと思ったのは、老妻は〝サイレントマジョリティ〟〝無告の民〟だと思ったからです。介護している老妻に、「夫の病気は妻のせい」とばかりの〝老妻ハラスメント〟も結構多いということにも気がつきました。さらに、長い夫婦の歴史によっては、幸福な老妻ばかりではありません。葛藤の渦を胸に抱いていても、介護を拒否することはできないものです。夫婦は〝愛の二輪草〟とばかりに、愛の押し付けや強要も多々あります。

老妻は、自分の身体を守るだけでも大変なのに、自分を苦しめた夫を守らなくてはならないという不条理を抱えます。老妻が夫の介護をするのは〝当たり前〟。つらいだなんて言ってはならない、そんなバッシングも飛んできます。老妻はそのつらさ、苦しさを世に訴える力もありません。ひたすら忍耐し、世間の目に耐えています。まさに物いえぬ最大多数者の苦しみが、ここにありました。私は本書で、私の恥や夫の不名誉なことを書きましたが、すこしでも苦しむ老妻の代弁ができれば……と思ったからです。「老妻だって介護はつらい」とご一緒に発言しましょう。

さらに夫のような昭和一桁生まれの企業戦士、勝手な男らしさで生きる人はもう絶滅危惧種、化石世代と言われていますが、中高年になったら飲酒や喫煙をセーブする自己管理が大事です。とくに糖尿病は、人生破壊病です。健康への過信と無知がどんな結果を招くか、それも警告したいと思います。

本書執筆にあたって、多くの方からアドバイスを受けました。中でも医学的な面でのチェックをしてくれた内科医、渡辺敏恵先生に篤く御礼申し上げます。最後に、岩波書店の小田野耕明氏には、原稿や書名などについて温かいご示唆をいただきました。この場を借りて、御礼申し上げます。

二〇一五年五月

沖藤典子

沖藤典子

1938年北海道生まれ．北海道大学文学部卒業．ノンフィクション作家．高齢社会をよくする女性の会副理事長．
著書に『女性が職場を去る日』(新潮社)，『あすは我が身の介護保険』(同)，『介護休業でいい仕事いい介護』(ミネルヴァ書房)，『みんなが主役・新介護時代』(同)，『沖藤典子の介護元気で日本あっ晴れ』(医歯薬出版)，『介護保険は老いを守るか』(岩波新書，第8回生協総研賞特別賞)，『女50代，人生本番！』(佼成出版社)，『それでもわが家から逝きたい――在宅介護の現場より』(岩波書店)ほか多数．

老妻だって介護はつらいよ――葛藤と純情の物語

2015年8月26日　第1刷発行
2017年2月24日　第5刷発行

著　者　沖藤典子《おきふじのりこ》

発行者　岡本　厚

発行所　株式会社　岩波書店
〒101-8002 東京都千代田区一ツ橋2-5-5
電話案内 03-5210-4000
http://www.iwanami.co.jp/

印刷・理想社　カバー・半七印刷　製本・松岳社

ISBN 978-4-00-002600-0　Printed in Japan